Argent rapide en une semaine.

30 façons de gagner de l'argent rapidement en une seule semaine.

ARGENT RAPIDE EN UNE SEMAINE

Par: D.K. Hawkins
Série "Argent rapide"
Version 1.1 ~Novembre 2022
Publié par D.K. Hawkins sur KDP
Copyright ©2022 par D.K. Hawkins. Tous droits réservés.

Aucune partie de cette publication ne peut être reproduite, distribuée ou transmise sous quelque forme ou par quelque moyen que ce soit, y compris la photocopie, l'enregistrement ou d'autres méthodes électroniques ou mécaniques, ou par tout système de stockage ou de récupération de l'information, sans l'autorisation écrite préalable des éditeurs, sauf dans le cas de très brèves citations incorporées dans des critiques et certaines autres utilisations non commerciales autorisées par la loi sur le droit d'auteur.

Tous droits réservés, y compris le droit de reproduction totale ou partielle sous quelque forme que ce soit.

Toutes les informations contenues dans ce livre ont été soigneusement recherchées et vérifiées quant à leur exactitude factuelle. Toutefois, l'auteur et l'éditeur ne garantissent pas, de manière expresse ou implicite, que les informations contenues dans ce livre conviennent à chaque individu, situation ou objectif et n'assument aucune responsabilité en cas d'erreurs ou d'omissions.

Le lecteur assume le risque et la pleine responsabilité de toutes ses actions. L'auteur ne sera pas tenu responsable des pertes ou des dommages, qu'ils soient consécutifs, accidentels, spéciaux ou autres, qui pourraient résulter des informations présentées dans ce livre.

Toutes les images sont libres d'utilisation ou achetées sur des sites de photos de stock ou libres de droits pour une utilisation commerciale. Pour ce livre, je me suis appuyé sur mes propres observations ainsi que sur de nombreuses sources différentes, et j'ai fait de mon mieux pour vérifier les faits et attribuer le mérite à qui de droit. Dans le cas où du matériel serait utilisé sans autorisation, veuillez me contacter afin que l'oubli soit corrigé.

Les informations fournies dans ce livre le sont à titre informatif uniquement et ne sont pas destinées à être une source de conseils ou d'analyse de crédit en ce qui concerne le matériel présenté. Les informations et/ou documents contenus dans ce livre ne constituent pas des conseils juridiques ou financiers et ne doivent jamais être utilisés sans avoir consulté au préalable un professionnel de la finance afin de déterminer ce qui convient le mieux à vos besoins individuels.

L'éditeur et l'auteur ne donnent aucune garantie ou autre promesse quant aux résultats qui peuvent être obtenus en utilisant le contenu de ce livre. Vous ne devez jamais prendre de décision d'investissement sans consulter au préalable votre propre conseiller financier et sans effectuer vos propres recherches et diligences. Dans toute la mesure permise par la loi, l'éditeur et l'auteur déclinent toute responsabilité dans le cas où les informations, commentaires, analyses, opinions, conseils et/ou recommandations contenus dans ce livre s'avéreraient inexacts, incomplets ou peu fiables ou entraîneraient des pertes d'investissement ou autres.

Le contenu de ce livre n'est pas destiné à et ne constitue pas un conseil juridique ou un conseil en investissement, et aucune relation avocat-client n'est établie. L'éditeur et l'auteur fournissent ce livre et son contenu sur une base "telle quelle". Vous utilisez les informations contenues dans ce livre à vos propres risques.

TABLE DES MATIÈRES.

TABLE DES MATIÈRES. 4

INTRODUCTION. 6

DIFFÉRENTES FAÇONS DE GAGNER DE L'ARGENT RAPIDEMENT EN UNE SEULE SEMAINE. 9

    1. CRÉER UN RÉPERTOIRE D'ARTICLES. 9

    2. COMMERCE EN LIGNE DU FOREX. 15

    3. MARKETING AFFILIÉ. 20

    4. PLACER DES PETITES ANNONCES SUR DES SITES WEB GRATUITS. 23

    5. MISE EN PLACE D'UNE CAMPAGNE DE NICHE. 29

    6. L'ÉCRITURE FREELANCE. 32

    7. BLOGGING. 36

    8. MARKETING INTERNET. 39

    9. MARKETING VIDÉO. 41

    10. PHOTOSHOP. 46

    11. STOCK DE PHOTOS. 48

    12. CRAIGSLIST. 52

    13. SERVICE DE LIVRAISON. 55

    14. DÉVELOPPER UN ENTONNOIR DE VENTE SECRET. 56

    15. PARTICIPER À DES ENQUÊTES RÉMUNÉRÉES. 61

    16. PRODUITS SOUS MARQUE DE DISTRIBUTEUR. 65

17. VENTE D'ŒUVRES D'ART.	69
18. PODCAST.	75
19. GOOGLE ADSENSE.	80
20. STOCKS DE PENNY.	84
21. FORUM.	86
22. EMPLOIS DE SAISIE DE DONNÉES À DOMICILE.	91
23. ÉCRITURE D'EBOOK.	94
24. VENDRE SUR EBAY.	97
25. L'ORGANISATION DE SÉMINAIRES EN LIGNE.	99
26. CONVERSION DE DOMAINES.	103
27. LANCEMENT DE PRODUITS.	104
28. SITES WEB POUR LES MEMBRES.	106
29. DES PROGRAMMES DE PREMIER ORDRE.	108
30. TUTORAT EN LIGNE.	113
CONCLUSION.	119

INTRODUCTION.

Vous pouvez commencer à gagner de l'argent en une semaine. Obtenir votre premier revenu en ligne ou hors ligne en l'espace d'une semaine est normal si vous avez choisi de travailler en ligne et hors ligne et de gagner de l'argent, que votre objectif soit un emploi à temps plein ou simplement un argent de poche supplémentaire.

Pourquoi est-ce que je dis cela ? Parce que j'en ai été témoin à de nombreuses reprises au cours des dernières années, alors que j'aidais les gens à commencer à gagner de l'argent en ligne et hors ligne.

Je vois rarement quelqu'un dont l'objectif est de travailler en ligne ou hors ligne et de gagner de l'argent, et qui a une somme d'argent substantielle à investir pour commencer. La plupart d'entre eux préfèrent se lancer sans avoir besoin d'argent ou de compétences spécialisées.

Cela peut sembler être un objectif ambitieux, mais heureusement, il peut être atteint. Il n'est pas surprenant que le fait de gagner de l'argent en ligne et hors ligne sans argent ni compétences soit souvent appelé "marketing de clochard".

Vous avez tout ce dont vous avez besoin pour lancer votre activité en ligne et hors ligne si vous possédez ou avez accès à un ordinateur et à Internet. Il vous manque simplement des instructions claires, étape par étape, sur la façon d'accomplir cette tâche. La plupart des gens font une étude exhaustive sur la façon de gagner de l'argent en ligne et hors ligne, mais ne commencent jamais. Peut-être manquent-ils simplement de confiance en leurs capacités.

Il y a tellement d'articles dans le monde (oui, le MONDE, pas seulement votre ville, votre état ou votre pays) que même avec l'aide d'un millier de mes amis les plus proches, je ne pourrais pas tous les promouvoir, et si vous parlez plusieurs langues, WOW, vous avez encore plus de possibilités.

Pour commencer à gagner de l'argent en une semaine, vous devez vous lancer immédiatement. Vous ne pouvez pas ensuite passer un mois à étudier, n'est-ce pas ?

Je préconise de lire ce livre en profondeur afin que vous puissiez absorber le plus d'informations en un minimum de temps avec les 30 meilleures façons de gagner de l'argent rapidement en une semaine. Cela demande également le moins d'efforts de votre part.

Êtes-vous prêt à vous lancer ? Veuillez lire la suite........................

DIFFÉRENTES FAÇONS DE GAGNER DE L'ARGENT RAPIDEMENT EN UNE SEULE SEMAINE.

1. CRÉER UN RÉPERTOIRE D'ARTICLES.

Cela demande un peu plus d'efforts mais c'est assez facile. Que recherchent les internautes ? Des informations et beaucoup d'informations !

Pour lancer un répertoire d'articles, il suffit de créer un site Web de base et de demander aux auteurs de soumettre gratuitement des articles. La plupart des auteurs d'articles font la promotion de livres électroniques, de séminaires, de logiciels et d'ateliers. Ils sont toujours à la recherche d'une exposition gratuite ou peu coûteuse.

Bientôt, vous aurez accès à des milliers de pages de contenu supplémentaires. Comment allez-vous gagner de l'argent ? Ajoutez des annonces Google (détails ci-dessous). Vous gagnez de l'argent chaque fois que quelqu'un clique sur l'une de vos annonces.

De nombreux annuaires d'articles acceptent des articles sur différents sujets, tandis que d'autres sont spécialisés. Vous seul pouvez déterminer quelle option est la meilleure pour vous. J'aime les annuaires spécialisés car, à mesure que le Web se développe, je pense que les gens reviendront plus souvent dans un annuaire contenant des articles de qualité sur un seul sujet que dans un annuaire contenant de nombreux articles sur tous les sujets. Même lorsqu'ils sont séparés par catégorie, les "annuaires tout compris" sont trop envahissants pour moi. Encore une fois, le choix vous appartient.

Pour gagner de l'argent avec un répertoire d'articles, il est essentiel d'en faire la promotion et d'obtenir un contenu de qualité pour votre site Web. Pour obtenir des articles de haute qualité sur un sujet particulier, il est nécessaire de faire une recherche sur le Web en utilisant les termes clés appropriés.

Contactez l'auteur (la plupart des articles ont leurs coordonnées dans la boîte de ressources à la fin de l'article) et demandez-lui de soumettre régulièrement des articles à votre répertoire. Ils seront presque toujours d'accord.

C'est maintenant que votre site Web doit vraiment décoller. Une fois que les moteurs de recherche auront indexé votre répertoire, beaucoup commenceront à vous envoyer du contenu automatiquement. Une fois que vous avez quelques centaines d'articles dans votre répertoire (ce qui peut prendre quelques semaines seulement si vous y mettez du vôtre), placez les annonces Google sur chaque page et voilà, vous avez des centaines de pages de contenu contenant des publicités qui, chaque fois qu'elles sont cliquées, vous rapportent de l'argent.

Pour commencer, vous pouvez sélectionner automatiquement le contenu de nombreux répertoires d'articles sur Internet. Lorsque vous recherchez "annuaire d'articles", environ 3,5 millions (oui, des millions !) de résultats apparaissent.

Logiciel de répertoire d'articles : Si vous êtes prêt à dépenser un peu d'argent, vous pouvez acquérir un logiciel qui automatise tout le processus.

Une recherche sur "logiciel de répertoire d'articles" donne près de 500 000 résultats. Vous pouvez acheter et installer la plupart des logiciels ou demander à l'éditeur de les installer pour vous. L'auto-installation nécessite un niveau élevé de compétences techniques.

Avant de créer un répertoire d'articles, je suggère de consacrer de nombreuses heures à la recherche sur le sujet par la lecture. Bien qu'il s'agisse d'une idée très simple, elle peut nécessiter beaucoup de travail au départ, mais elle peut rapporter gros au fil des mois et des années.

Visitez Google.com pour en savoir plus sur l'acquisition des annonces Google qui apparaissent sur de nombreux sites Web. Sélectionnez

"Programmes de marketing" (un bouton en texte clair juste sous le champ de recherche). Cliquez sur "Pour les éditeurs de sites Web : Google AdSense" puis. Cliquez enfin sur "What is AdSense ? Rapid tour". L'application vous sera enseignée dans son intégralité, et vous pourrez la lancer en cinq minutes.

Si vous êtes passionné par quelque chose et que vous pouvez cibler une niche bien définie, vous pouvez créer un blog à ce sujet, ajouter quelques publicités Google AdSense et gagner quelques centaines de dollars chaque mois sans trop d'efforts. Vous souhaitez gagner plus ? Comme pour toute autre chose dans la vie, plus vous investissez de temps, plus vos revenus seront élevés.

Il existe même un nouveau site web, Scoopt.com, qui fonctionne comme un agent littéraire pour les blogs. De quoi s'agit-il ? Plus précisément, ils "vous aident à obtenir des licences pour l'utilisation commerciale et non commerciale de votre blog". En substance, ils vous aident à vendre le contenu de votre site. Vous trouverez des informations complètes sur leur site Web.

Les blogs ne sont plus limités à une chronique de votre dernière relation désastreuse ou du travail bâclé de votre coiffeur. Ils sont des moyens professionnels de produire de l'argent dans le présent.

Pour lire une étude de cas démontrant comment un passe-temps personnel peut être transformé en un blog populaire et lucratif, visitez ProBlogger.net et cherchez "Back in Skinny Jeans". L'article devrait s'afficher. Il est assez intéressant à lire.

Pour créer un blog, visitez blogger.com, créez un compte et commencez à bloguer. C'est gratuit !

Il n'y a pas d'arnaque de type "get-rich-quick". Mon objectif chez Inkwell Editing est d'aider les pigistes éditoriaux et créatifs à gagner leur vie. Comme beaucoup d'autres, je ne garantirai jamais que vous " gagnerez des milliers de dollars par mois en effectuant simplement x ". Ne vous fiez pas au battage médiatique.

Je travaille dans le secteur de l'édition depuis 1987 et en tant que pigiste depuis 1993. J'ai entendu parler de nombreux programmes et je les ai utilisés. La seule façon de gagner de l'argent est de fournir continuellement des efforts dans un domaine quelconque. Il faut du temps et des efforts, du temps et des efforts.

La bonne nouvelle, c'est qu'avec Internet, il est plus facile que jamais de gagner un emploi en tant que travailleur créatif, et cela peut être accompli "assez" facilement si vous choisissez des moyens efficaces et les mettez en œuvre régulièrement.

2. COMMERCE EN LIGNE DU FOREX.

Votre activité de trading en ligne 4forext s'est arrêtée ? Vous entrez dans une transaction pour ensuite l'annuler, ce qui entraîne une perte. Avez-vous déjà souhaité une méthode qui vous permette de gagner de l'argent de façon constante sans exiger une attention permanente ? J'ai quelque chose qui pourrait vous être utile.

Cette section suppose que vous êtes familier avec les graphiques forex en ligne utilisant des études techniques, notamment la moyenne mobile exponentielle, le MACD et les stochastiques. J'utilise les graphiques techniques gratuits de Wizetrade Forex et MB Trading pour mes besoins graphiques.

Initialement, la clause de non-responsabilité.

Le trading de devises est une opportunité difficile qui offre des rendements supérieurs à la moyenne aux traders instruits et expérimentés prêts à assumer un risque supérieur à la moyenne. Avant de vous engager dans des opérations de change, vous devez évaluer vos objectifs d'investissement, votre niveau d'expérience et votre tolérance au risque.

Vous ne devez jamais investir plus d'argent que vous ne pouvez vous permettre de perdre. Avant d'adopter une nouvelle stratégie sur un compte réel, il est généralement prudent de la tester d'abord sur papier.

Type de stratégie.

Il s'agit d'un plan à plus long terme dont la mise en œuvre prend généralement une à deux semaines. Il utilise des graphiques en barres ou en chandeliers avec la moyenne mobile exponentielle, le MACD et le stochastique comme indicateurs.

La situation.

Graphiques - 1 jour et 1 mois (soit en barre ou en chandelier) (Parfois, un graphique avec un temps plus court peut fournir des vues plus claires. Je préfère le 1 heure, le 10 jour, et le 180 minutes sur Wizetrade).

Moyennes mobiles exponentielles - (3) configurations, 4-13-50.

MACD - 5-34-7.

Probabilité — 13-5-5.

Entrer dans l'industrie.

Considérez le MACD pour confirmer la direction de la tendance. Après avoir traversé sa ligne centrale, l'indicateur est généralement plus fiable.

Vous souhaitez que les lignes stochastiques se croisent et se déplacent au-dessus de la ligne 20 pour les achats et en dessous de la ligne 80 pour les ventes. (Ceci est parfois plus apparent sur les graphiques à intervalles plus courts).

Examinez maintenant les moyennes mobiles. Lorsque la 4 EMA et la 13 EMA croisent la 50 EMA, dans n'importe quelle direction, avec un bon angle de mouvement et un écart entre les moyennes, c'est un bon moment pour entrer. (Les tendances à la baisse pour les ventes et les tendances à la hausse pour les achats).

Si les conditions mentionnées ci-dessus sont réunies, envisagez d'entrer dans la transaction.

Configuration de votre Stop Loss.

Placez votre stop loss 30 à 50 pips en dessous du plus bas de la journée précédente. Il s'agira d'un stop loss large pour vous éliminer de la transaction dans des scénarios catastrophiques. Je vous suggère d'augmenter votre stop loss au fur et à mesure des bénéfices de votre transaction. Quoi que vous fassiez, ne le diminuez pas. (Si la transaction était une vente, le stop loss serait au-dessus du plus haut de la veille.)

Dans l'entreprise.

Observez la transaction pour déterminer si elle s'approche d'un niveau de résistance ou de support, et surveillez les moyennes mobiles exponentielles 4 et 13. Le support et la résistance peuvent ne pas jouer un rôle important dans ce type de plan, mais je les surveillerais quand même de près.

Quitter le marché.

Surveillez le croisement de la 4 EMA et de la 13 EMA dans la direction opposée à votre entrée après avoir ouvert la transaction. Vérifiez si votre MACD s'est inversé. Comment fonctionne votre stochastique

? Ce sont des indicateurs de sortie potentiels. Si la tendance s'est inversée, vous devez encaisser vos gains.

Il faut avoir la patience de se développer tout en étant dans le trade et savoir quand sortir de la transaction. Les graphiques existent pour vous aider. Certains membres de notre groupe de négociation ont utilisé cette méthode avec beaucoup de succès.

3. MARKETING AFFILIÉ.

Il existe d'innombrables articles d'affiliation disponibles pour la promotion. Le marketing d'affiliation est le processus qui consiste à promouvoir un produit en ligne. Pour les novices, cela peut être aussi simple que d'ouvrir un blog ou un objectif Squidoo, qui sont tous deux assez simples. Vous dirigez ensuite vos visiteurs vers votre lien d'affiliation sur votre site Web, où ils effectuent un achat, et vous êtes rémunéré.

Cela peut être intimidant pour un débutant, car il doit comprendre comment attirer du trafic vers son site et être indexé par Google et sur des mots-clés. Il existe d'innombrables méthodes pour promouvoir votre site Web.

En tant que débutant dans le marketing d'affiliation, vous vous sentirez d'abord dépassé. La courbe d'apprentissage abrupte prend des mois. La bonne nouvelle est qu'il existe des programmes, dont certains sont gratuits ou très peu coûteux, qui peuvent raccourcir votre courbe d'apprentissage de quelques semaines ou de quelques mois.

Vous devez également choisir ce que vous allez commercialiser ; beaucoup optent pour un business-in-a-box, mais ce n'est pas le cas de tout le monde. Je pense que si vous pouvez trouver quelque chose qui vous enthousiasme, vous aurez beaucoup plus de succès. Pensez à quelque chose que vous aimez, puis cherchez sur Google avec l'expression "affilié", et voilà ! Vous avez des options. Il existe un programme d'affiliation pour pratiquement tous les produits imaginables, y compris les livres électroniques, les vitamines et les appareils électroniques.

La meilleure façon de procéder est de lancer votre site Web avec votre lien d'affiliation et de commencer votre formation. Ainsi, vous pourrez modifier et appliquer ce que vous apprenez au fur et à mesure de votre progression, mais vous devez d'abord vous lancer. Une fois qu'un site est opérationnel, vous pouvez passer à un autre.

Aujourd'hui, je crée un nouveau site Web chaque semaine en moyenne. Lorsque j'ai commencé, il me fallait un mois pour créer un seul site. Alors disons une semaine pour chaque site, quatre sites en un mois, chacun générant des revenus passifs pendant que vous dormez. Itérer et répéter. J'utilise un plan marketing d'une semaine, qui m'a aidé à démarrer.

J'ai commencé cette entreprise à temps partiel il y a cinq mois, avec des résultats initiaux limités. Comme j'ai été licencié il y a deux semaines, j'ai réalisé que je devais devenir sérieux. J'ai passé entre 10 et 12 heures par jour à travailler sur ce projet pour le rendre opérationnel. J'étais novice et très désorienté. Au cours des deux dernières semaines, j'ai gagné près de ce que je gagnais à mon "vrai travail", ce qui n'était pas des cacahuètes.

Le plus beau, c'est que j'aime ça. J'ai compilé un guide qui raccourcira votre courbe d'apprentissage et vous aidera à commencer à gagner de l'argent plus tôt si vous voulez progresser plus rapidement. Le titre est Affiliate Marketing Made Simple. Commencez à gagner de l'argent plus rapidement et réduisez votre courbe d'apprentissage.

4. PLACER DES PETITES ANNONCES SUR DES SITES WEB GRATUITS.

Depuis 2007, j'ai la chance de gagner ma vie entièrement en ligne. La promotion d'articles affiliés par le biais de petites annonces gratuites sur des sites Web tels que Craigslist et back page est l'une de mes principales sources de revenus.

Voici les réponses à quatre questions que l'on me pose souvent au sujet de la back page, mon site préféré de petites annonces gratuites, si vous voulez gagner de l'argent en mettant des annonces sur des sites comme celui-ci.

Le conseil fourni ici est applicable indépendamment du site libre d'annonces classifiées que vous employez.

Réponses à quatre préoccupations courantes concernant la publication d'annonces gratuites sur Backpage.

1. Quelles villes pour placer des annonces : Backpage reçoit beaucoup de trafic. Combien ? Selon traffic estimate, un site web qui prédit la quantité de trafic qu'un site web reçoit mensuellement, annuellement, etc., a reçu 20 394 000 visiteurs en janvier 2013.

Il existe environ 400 villes où vous pouvez placer des annonces, mais seules quelques-unes reçoivent le plus de trafic. Voici, en fonction du trafic, les vingt principales catégories dans lesquelles placer des annonces sur la dernière page pour gagner de l'argent en ligne rapidement.

Les meilleures villes de Backpage pour passer des annonces gratuites.

- Miami, FL.

- Minneapolis, MN.

- New York, New York.

- Philadelphia, PA.

- Phoenix, AZ.

- San Diego, CA.

- Atlanta, GA.

- Boston, MA.

- Chicago, Illinois.

- Texas, Dallas/Fort Worth.

- Denver, CO.

- Houston, Texas.

- Las Vegas, NV.

- Los Angeles, CA.

- San Francisco, CA.

- Seattle, Washington.

- St. Louis, MO.

- Tampa, FL.

- Toronto, ON.

- Washington, District of Columbia.

Les opportunités commerciales sont l'une des catégories les plus populaires pour placer des annonces gratuites. Cette zone, "Offres commerciales", est celle où s'inscrivent la plupart des opportunités d'affiliation que vous êtes susceptible de vouloir annoncer. Les chances de "gagner de l'argent" sont la forme la plus populaire d'articles d'affiliation à annoncer pour gagner de l'argent rapidement en ligne.

2. Note concernant les catégories : Veuillez respecter les normes du site. Certains spécialistes du marketing, par exemple, font la promotion d'opportunités commerciales dans la rubrique "Emplois". La dernière chose qu'un demandeur d'emploi souhaite est de tomber sur une publicité pour une opportunité commerciale "payante".

Vous payez pour des opportunités ; vous postulez pour des emplois ; tenez compte de cette distinction. Même si vous pensez pouvoir vous en sortir en postant dans la mauvaise catégorie, n'abusez pas du service de cette manière. C'est tout simplement contraire à l'éthique.

3. A quelle fréquence placer des annonces pour gagner de l'argent de façon régulière : Au début de ma carrière dans le marketing d'affiliation, je publiais des annonces tous les jours, ce que tout débutant devrait

faire pour commencer à gagner de l'argent régulièrement (par exemple, toutes les semaines, puis tous les jours).

Pour info, utilisez d'autres approches, comme le marketing par articles. Supposons que vous souhaitiez faire du marketing d'affiliation une carrière à plein temps. Dans ce cas, vous devrez probablement combiner plusieurs stratégies de marketing Internet pour gagner suffisamment pour que cela devienne une réalité.

4. Comment sélectionner des produits et/ou des services à succès En tant qu'auto-éditeur, je commercialise principalement mes ebooks et quelques produits d'affiliation "evergreen".

Le conseil le plus important que je puisse donner pour sélectionner des articles rentables est de choisir ceux qui vous passionnent et/ou dont vous avez l'expérience. La raison en est qu'il est beaucoup plus facile de défendre de manière "crédible" des produits ou des services que vous appréciez et/ou dont vous avez l'expérience.

Il y a beaucoup de déchets sur Internet, et les consommateurs peuvent détecter le mensonge. Ne vous engagez pas dans cette voie. Les sites Web de marketing d'affiliation tels que CommissionJunction et Clickbank proposent des milliers de produits à partir desquels vous pouvez choisir de gagner de l'argent en publiant une annonce. Par conséquent, créez votre profession de marketing Internet autour de marques réputées dans lesquelles vous avez confiance.

Et sachez que la plupart des programmes d'affiliation sont gratuits, ce qui signifie que vous n'avez rien à débourser pour commencer.

5. MISE EN PLACE D'UNE CAMPAGNE DE NICHE.

Vous êtes un spécialiste du marketing sur Internet, mais vous n'avez pas de résultats impressionnants à présenter. Et si je vous disais ce dont vous avez besoin pour commencer à gagner de l'argent légitime en ligne ?

Passez quelques minutes à lire cet article, et vous pourrez avoir une activité de niche passive et rentable en moins d'une semaine.

Laissez-moi commencer par dire que cela VA demander des efforts ; si vous essayez quelque chose pour la première fois, cela peut être plus difficile. La bonne nouvelle est qu'une fois que vous avez mis en place votre première campagne, les efforts suivants seront faciles à gérer, et si vous ne négligez aucun processus, toutes vos campagnes généreront de l'argent passif pendant des années.

Voici les étapes à suivre pour créer une campagne de marketing de niche rentable:

1) Vous devez d'abord choisir une niche de marché dans laquelle travailler. Une niche est un groupe d'individus, notamment les nouvelles mères, les pères célibataires, les propriétaires de chats, les jeunes mariés, et bien d'autres. Assurez-vous de connaître les défis auxquels les individus de ce

segment sont confrontés et de savoir s'ils sont prêts à dépenser de l'argent pour les relever.

2) Inscrivez-vous à un service de répondeur automatique et achetez un nom de domaine. Cela vous coûtera un peu plus de 30 $, mais c'est tout ce dont vous avez vraiment besoin, et vous récupérerez ces fonds en une semaine environ.

3) Préparez votre page squeeze, qui contient votre formulaire d'inscription et propose un guide ou un livre électronique gratuit en échange d'une adresse électronique.

4) Maintenant, préparez l'ebook gratuit et les deux ebooks que vous avez l'intention de vendre pour de l'argent. Rédigez trois guides de 10 à 20 pages qui regorgent d'informations utiles. Chacun de vos guides doit aborder un problème spécifique auquel votre public cible est confronté.

5) Rédigez 10 à 15 courriels de suivi. Les quelques premiers courriels ne doivent contenir que du contenu gratuit et utile ; un message sur quatre

peut être un message promotionnel destiné à vos abonnés. C'est précisément de cette manière que vous générerez des profits : en vendant vos articles à des personnes qui vous font confiance.

6) Rédigez au moins vingt articles qui renvoient à votre squeeze page et distribuez-les à des annuaires d'articles. Cela vous permettra de continuer à recevoir du trafic pendant des années.

Maintenant que vous l'avez assemblée, allez vous reposer ou en construire une autre !

Si vous faites un bon travail de construction rapide de votre liste, vous commencerez à gagner de l'argent dès la semaine suivante. Le meilleur aspect est que c'est un revenu entièrement passif!

6. L'ÉCRITURE FREELANCE.

Oui, la rédaction en freelance sur Internet peut être une profession lucrative. Si l'écriture est votre passion et votre talent, vous pouvez gagner de l'argent supplémentaire en ligne. Il vous suffit de garder à l'esprit quelques recommandations essentielles pour identifier les chances lucratives qui vous permettront de gagner une somme d'argent substantielle en ligne.

Si vous souhaitez repérer ces chances en ligne, voici quelques conseils sur la manière de le faire et de gagner de l'argent en écrivant en freelance en ligne.

- Créez du matériel pour votre site Web contre rémunération. Le contenu est crucial à l'ère de l'Internet, où pratiquement toutes les entreprises, sociétés et même les particuliers souhaitent avoir leur site Web.

Les propriétaires de ces sites ne peuvent pas suivre le rythme de la mise à jour fréquente du contenu de leurs sites. Il vous suffit d'apprendre quelques tactiques d'optimisation des moteurs de recherche si vous avez des talents de rédacteur pour obtenir des contrats de rédaction de contenu en ligne.

- Rédigez des articles. Les articles sont des composantes essentielles du web. En réalité, comme le marketing par article est devenu une méthode rentable pour promouvoir les entreprises et les articles en ligne, la rédaction d'articles est également devenue une activité très recherchée en ligne. Vous pouvez écrire et vendre des articles ou découvrir des entreprises ou des particuliers en ligne qui vous paieront pour créer des articles pour eux.

- Explorez les marchés de l'emploi en ligne. En général, ces marchés permettent aux rédacteurs indépendants de faire des offres pour des tâches de rédaction ou de proposer leurs compétences aux employeurs et aux entreprises qui recherchent du contenu de qualité auprès de rédacteurs indépendants. Les deux parties peuvent convenir d'un prix avant le début de la mission, et vous serez payé une fois vos projets de rédaction terminés. Vous pouvez également découvrir des perspectives d'emploi de rédacteur indépendant en ligne en visitant des marchés de l'emploi en ligne.

- Rédiger des textes publicitaires. Vous pouvez également rédiger des textes publicitaires pour des entreprises si vous êtes compétent en matière de langage commercial. En effet, les textes publicitaires bien rédigés sont très demandés en ligne en raison de la prolifération des publicités en ligne et de la tendance des entreprises à transférer leurs activités en ligne. Profitez de ce besoin et gagnez de l'argent en créant des copies d'annonces.

- Rédiger des communiqués de presse La rédaction de communiqués de presse est une alternative supplémentaire pour les rédacteurs freelance en ligne. Cette activité peut également faire partie des efforts de marketing des sociétés et des entreprises. Par conséquent, vous pouvez également gagner de l'argent avec ces projets d'écriture.

- Écrivez un eBook. Si vous avez une passion pour l'écriture et un autre domaine d'expertise, vous pouvez publier un eBook et le vendre en ligne. Les eBooks ont été l'un des produits numériques les plus populaires vendus en ligne, et du point de vue de l'auteur, c'est aussi l'un des produits les plus rentables que vous pouvez vendre en ligne. Lorsque vous vendez des eBooks, vous n'avez pas besoin de prendre en compte les frais d'impression et de publication, qui font partie des aspects les plus coûteux de la vente de vos livres. Avec les livres électroniques, vous pouvez vendre directement sans vous soucier de la distribution, car les clients peuvent toujours télécharger le contenu en ligne.

7. BLOGGING.

Gagner de l'argent avec des blogs est l'approche la plus efficace pour commencer à gagner de l'argent en ligne chaque semaine. Il y a beaucoup d'ambiguïté lorsqu'on essaie de déterminer la stratégie optimale pour monétiser un blog. Je me suis senti obligé d'écrire un essai pour informer toute personne cherchant à créer un blog et à commencer à gagner de l'argent.

Le choix d'une niche pour un blog est la première étape pour gagner de l'argent grâce au blogging. Une niche est simplement un synonyme de marché. En gros, vous devez choisir un sujet sur lequel vous êtes à l'aise pour bloguer. Un sujet qui vous enthousiasme ou du moins qui vous intéresse est un excellent choix.

La deuxième étape consiste à choisir une plate-forme de blog. Une plate-forme de blogs est un logiciel que vous utiliserez pour créer et maintenir un blog sur votre site Web. D'excellentes plateformes sont les blogs Blogger et WordPress.

Je vous conseille de lire les critiques et de sélectionner la meilleure plateforme pour vous. Je vous recommande de gérer votre blog plutôt que d'utiliser un service d'hébergement gratuit. Pour gagner de l'argent avec des blogs, il faut avoir le plus de flexibilité possible, et le fait d'avoir votre blog vous offre cela.

La troisième étape consiste à alimenter votre blog avec un contenu suffisant. Le contenu de votre blog est l'information que vous présentez. Aujourd'hui, vous pouvez présenter ces informations sous forme textuelle, audio ou vidéo. Vous pouvez le faire vous-même, engager un pigiste ou mettre en place des flux RSS pour alimenter automatiquement votre blog en contenu.

La quatrième étape consiste à monétiser votre blog par le biais de pages d'évaluation affiliées et de publicités Google Adsense. Il s'agit d'une excellente méthode pour gagner de l'argent avec un blog. Vous n'êtes même pas obligé de vendre votre produit.

Vous pouvez trouver de nombreux programmes d'affiliation liés à votre spécialisation et gagner des revenus considérables grâce aux articles et aux programmes de revenu résiduel. Vous pouvez intégrer AdSense à votre site pour générer des revenus supplémentaires ; le mieux, c'est que c'est totalement gratuit.

La cinquième étape consiste à générer du trafic vers votre blog. Les méthodes de trafic gratuites telles que l'optimisation des moteurs de recherche, les commentaires sur les blogs, l'échange de liens, le marketing d'articles, le marketing de forums et les réseaux sociaux peuvent faire des merveilles pour le trafic de votre site Web.

Une fois que votre blog reçoit un trafic régulier et produit de l'argent, vous devez en créer un nouveau. Une fois que vous aurez suivi le processus pour la première fois, vous constaterez que gagner de l'argent avec des blogs est plutôt simple.

8. MARKETING INTERNET.

Le marketing Internet est l'un des moyens les plus rapides de gagner de l'argent en ligne. Cela ne s'applique pas à votre promotion personnelle, mais plutôt à votre marketing pour d'autres entreprises.

- Vous pouvez le faire si vous connaissez certains procédés de marketing sur Internet. Ce qui est étonnant, c'est que beaucoup de ces méthodes sont gratuites ou peu coûteuses. Par exemple :

- Vous pouvez créer un blog pour une entreprise, y contribuer et l'utiliser pour générer des liens vers son site Web.

- Vous pouvez leur faire gagner de nouveaux clients en créant une page de réseau social pour eux sur un ou plusieurs sites de réseau social.

- En publiant des messages dans des groupes et des forums, vous pouvez augmenter le nombre de connexions entrantes vers leur site Web.

- Vous pouvez effectuer du marketing d'articles en leur nom afin de générer du trafic vers leur site Web.

- Vous pouvez vous occuper des campagnes AdWords.

- Vous pouvez rédiger des communiqués de presse pour augmenter le trafic vers leur site Web et leur entreprise.

Il existe de nombreuses façons d'assurer le succès de vos clients. Il est merveilleux que ces tâches puissent être accomplies rapidement. Vous pouvez accomplir une quantité importante de tâches de marketing en une semaine, ce qui vous permet de gagner de l'argent rapidement.

Vous pouvez demander un dépôt initial et le solde à la fin du projet. Vous disposez ainsi immédiatement des fonds nécessaires. Pour obtenir le reste, vous devez terminer le travail, alors assurez-vous de fournir des résultats.

Comme vous pouvez le constater, le marketing sur Internet a le potentiel de générer des revenus substantiels. Vous pouvez installer un bureau à domicile et le faire souvent, car les gens et les entreprises cherchent continuellement des moyens peu coûteux de promouvoir leurs activités.

Essayez ce que j'ai fait si vous avez besoin d'argent immédiatement ou dans l'heure. Je gagne plus d'argent aujourd'hui que dans ma précédente entreprise, et vous le pouvez aussi, si vous cliquez sur le lien ci-dessous et lisez l'incroyable histoire vraie. J'ai été méfiant pendant seulement dix secondes après mon adhésion avant de savoir ce que c'était. Vous serez aussi rayonnant d'une oreille à l'autre, comme je l'ai été.

9. MARKETING VIDÉO.

Au cours des dernières années, on a beaucoup écrit sur l'importance d'ajouter le marketing vidéo à votre arsenal de marketing Internet. C'est logique, car le marketing vidéo est désormais efficace et peut être un moyen formidable de générer de l'argent rapidement chaque semaine. Explorons les trois étapes mentionnées ci-dessous.

Vous créez une vidéo promotionnelle pour votre produit. Vous pouvez vouloir commercialiser un produit ou un service, et la création de vos vidéos est une excellente méthode. Ce n'est pas aussi difficile qu'on le croit. Vous avez besoin d'une caméra vidéo et d'un microphone à bas prix. Vous pouvez visionner des vidéos d'instructions sur la manière de procéder sur YouTube.

Sinon, vous pouvez utiliser une application de création de films comme Animoto. Vous construisez essentiellement un diaporama vidéo avec des images et des mots. C'est un outil fantastique car vous pouvez ajouter de la musique et télécharger vos vidéos directement sur YouTube et d'autres sites de partage de vidéos.

Le détaillant crée la vidéo. De nombreux programmes auxquels vous pouvez adhérer pour gagner de l'argent proposent désormais des films promotionnels.

Les vidéos peuvent être ajoutées à un site Web ou à un blog existant. Vous pouvez les placer sur une page de renvoi, diriger les visiteurs vers cette page et permettre à la vidéo de promouvoir votre produit ou service.

Cette méthode est devenue courante dans le marketing d'affiliation et le marketing de réseau. Avec ces stratégies commerciales, vous vendez des produits ou recrutez des personnes pour vendre des produits en votre nom.

Vous vous concentrez principalement sur la génération de prospects. Des vidéos ont déjà été produites par l'entreprise que vous représentez. Cela vous permet de vous concentrer sur le marketing et l'utilisation des outils et des ressources qu'ils fournissent.

Proposez un service de production de vidéos. Si vous trouvez que vous aimez produire des vidéos, il y a un vaste marché pour vos talents qui est maintenant inexploité.

Vous pouvez rendre ce service aussi élaboré ou aussi simple que vous le souhaitez. Par exemple, dans le cadre du marketing commercial local, vous pourriez visiter une entreprise, prendre des photos, vous asseoir et écrire un texte, puis monter le tout dans une vidéo qui pourrait être téléchargée sur le site Web de l'entreprise.

À l'heure actuelle, pratiquement tous les spécialistes du marketing Internet ont besoin d'aide pour créer des vidéos et les télécharger sur YouTube. La prestation d'un service de marketing vidéo vous occupera autant que vous le souhaitez et sera d'une grande utilité pour vos clients.

Ce sont là trois méthodes pour gagner de l'argent grâce au marketing vidéo. Vous pouvez être aussi créatif que vous le souhaitez et gagner de l'argent en faisant cela à temps partiel ou même à temps plein.

Il est essentiel de rejoindre une tendance à son début et de "surfer sur la vague". Ainsi, vous pouvez élaborer votre plan d'action et votre campagne de vente et maximiser vos profits. Vous devez rechercher les détaillants qui offrent ce dont vous avez besoin à des prix raisonnables. Dans le monde, rien n'est gratuit.

Il peut être fastidieux de rechercher des tutoriels vidéo sur Internet, mais il existe un raccourci. Il suffit de le localiser.

Il est impossible de surestimer l'effet des vidéos sur un site web. Que voulez-vous faire : lire un site de texte de 300 mots ou regarder une vidéo de 10 minutes démontrant comment accomplir quelque chose étape par étape ? Si vous êtes comme moi, la deuxième option s'applique.

Vous pouvez expliquer verbalement n'importe quoi toute la journée, mais je comprendrai immédiatement si vous en faites la démonstration. N'oubliez pas qu'une image vaut mille mots, et si cette image est animée, c'est encore mieux.

Imaginez que vous découvrez une ressource qui vous offre, pour ainsi dire, une "longueur d'avance". Elle vous fait démarrer dans la vente et génère des revenus pendant que vous étudiez. C'est encore mieux ! Les sites Web spéciaux et promotionnels existent ; il faut les découvrir.

10. PHOTOSHOP.

Il existe des moyens simples de gagner de l'argent rapidement. Il suffit de savoir où chercher et de réaliser que vous pouvez utiliser vos compétences pour gagner une somme d'argent substantielle. L'utilisation de Photoshop est une approche formidable pour gagner de l'argent rapidement.

En effet, les gens sont prêts à payer pour des graphiques attrayants. Vous pouvez fabriquer des brosses, qui sont actuellement très populaires sur

Internet. Vous pouvez examiner ce qui est disponible sur Internet et compiler votre collection.

Les gens les achèteront en masse. Il serait préférable que vous fassiez simplement votre propre promotion. Il existe des sites Web sur lesquels vous pouvez faire du marketing. Vous pourriez même être en mesure de négocier avec les sites de photos de stock.

Vous pouvez également gagner de l'argent avec Photoshop en créant votre boutique en ligne et en y vendant des images. Vous pouvez créer votre boutique en ligne en un jour et vendre vos œuvres en une semaine. Vous pouvez même participer à des concours de conception graphique qui offrent des prix lucratifs pour les meilleures soumissions. Si vous avez de la créativité avec Photoshop, c'est une technique formidable pour accomplir cette tâche.

Comme vous pouvez le constater, il est possible de générer des revenus à partir de quelque chose que vous possédez déjà. Les images sont populaires sur l'internet. Les gens en ont besoin pour leurs blogs, leurs sites Web et leurs publications imprimées. Ils sont prêts à payer pour les utiliser. Ils tomberont amoureux d'une image fantastique lorsqu'ils la verront.

Essayez ce que j'ai fait si vous avez besoin d'argent immédiatement ou dans l'heure. Je gagne plus d'argent aujourd'hui que dans ma précédente entreprise, et vous le pouvez aussi si vous cliquez sur le lien ci-dessous et lisez l'incroyable histoire vraie. J'ai été méfiant pendant seulement dix secondes après mon adhésion avant de savoir ce que c'était. Vous serez aussi rayonnant d'une oreille à l'autre, comme je l'ai été.

11. STOCK DE PHOTOS.

De nombreux individus travaillent principalement pour gagner de l'argent, mais cela ne leur procure pas forcément le bonheur. Cependant, certains ont la chance de gagner de l'argent en poursuivant leur amour. L'une de ces méthodes est la photographie. Certains photographes ont reçu une formation professionnelle.

Généralement, ils sont affiliés à une agence ou travaillent de manière indépendante. Mais il y en a beaucoup d'autres, comme vous et moi, qui aiment simplement photographier les gens, les objets et les événements. Voici l'occasion de gagner de l'argent avec votre passe-temps. Vous pouvez explorer l'univers des photos de stock.

Avant de voir comment gagner de l'argent avec ce passe-temps, examinons ce qu'est la photographie de stock. Il s'agit de la mise à disposition de photos sous licence pour certaines utilisations. Vous pourriez être surpris par la demande de photos de stock. Les graphistes et les concepteurs de sites Web, les agences de publicité en ligne et les sociétés d'édition les réclament.

L'avantage de la photographie de stock est qu'il n'est pas nécessaire d'être qualifié pour gagner de l'argent avec elle. Il suffit d'avoir une passion pour la photographie et de faire preuve d'imagination. Petit à petit, vous développerez la capacité de faire de la publicité avec succès et, par conséquent, de gagner de l'argent !

Certaines personnes peuvent affirmer que la photographie de stock rapporte peu pour des images individuelles. Cependant, ceux qui s'en plaignent considèrent qu'il s'agit d'une situation où "le verre est à moitié plein". Il est vrai que les photographies de stock peuvent être achetées pour un dollar seulement, mais la réalité est que de nombreuses personnes peuvent utiliser une image particulière.

Ajoutez à cela le fait que la même image peut être téléchargée sur de nombreux sites web. Un rapide calcul révèle qu'il s'agit d'un moyen infaillible de gagner une belle somme ! Aujourd'hui, certaines personnes peuvent vivre de la photographie de stock en raison de son énorme potentiel de gain.

Mais comment gagner de l'argent avec la photographie de stock ?

Voici quelques suggestions pour commencer. Créer une collection originale d'images est l'étape initiale la plus évidente. Essayez d'intégrer un sentiment d'originalité dans les images et les perspectives que vous capturez.

Vous devez tenir compte de l'ampleur de votre collection. Certaines personnes préfèrent se spécialiser dans un sujet spécifique et devenir des fournisseurs de niche. D'autres veulent couvrir un large éventail de sujets. Votre décision vous appartient entièrement.

L'étape suivante pour gagner de l'argent avec la photographie de stock consiste à créer un compte en ligne sur des sites de photographie de stock. Les sociétés de photographie de microstock sont des entreprises qui acceptent des images de divers photographes, y compris des amateurs et des hobbyistes.

Leur modèle économique est basé sur des prix bas et des volumes élevés. ShutterStock.com, BigStockPhoto.com, Fotolia.com, 123rf.com et Dreamstime.com comptent parmi les sites de microstock les plus réputés. Avec certains d'entre eux, vous pouvez créer un compte.

Ensuite, un dossier d'exemple est créé. C'est l'occasion de démontrer votre talent et d'être choisi. Sélectionnez quelques-unes de vos plus belles images et téléchargez-les. Voici un conseil utile. Veillez à ce que les titres des images que vous publiez soient concis et pertinents. Cela peut aider les personnes qui recherchent des images à en trouver rapidement.

Si vous voulez gagner de l'argent avec des photographies de stock, vous devez examiner les directives de chaque site de microstockage. Ces règles régissent le type d'images qui peuvent être mises en ligne, leurs dimensions, leur qualité technique et leur faisabilité commerciale.

Essayez de télécharger un grand nombre d'images de haute qualité. Cela augmentera les chances que vos images soient choisies et vous aidera également à atteindre votre objectif de gagner de l'argent. Continuez à ajouter des images supplémentaires au fil du temps. Vous réaliserez bientôt que votre hobby est devenu une fantastique source de revenus.

12. CRAIGSLIST.

Si vous êtes à la recherche d'argent rapide, mon premier conseil serait de vendre sur eBay. eBay s'est avéré être le moyen le plus simple pour moi de gagner de l'argent en ligne, suivi par les paris sportifs d'arbitrage et le marketing d'affiliation ou de réseau. Si vous voulez générer un revenu substantiel et durable qui pourrait remplacer votre revenu actuel, le marketing d'affiliation ou de réseau est la voie à suivre.

Compte tenu de ce qui précède, je vais vous montrer dans ce billet un moyen pratique de commencer à gagner de l'argent immédiatement. Des étudiants ont utilisé cette méthode pour obtenir des revenus hebdomadaires supérieurs à 300 $. Vous pourriez gagner au moins 500 $ par semaine en l'utilisant si vous êtes sérieux.

Vous aurez besoin de Craigslist et d'un compte eBay pour utiliser pleinement cette technique. Vous utiliserez Craigslist pour obtenir des produits à un prix inférieur au prix courant sur eBay, puis vous vous rendrez sur eBay pour les acheter.

La plupart des articles mis en vente sur Craigslist le sont par des vendeurs pressés de se débarrasser de leurs affaires. Ils tentent de vendre les articles sur eBay car ils ne peuvent pas attendre. Cette semaine, ils ont besoin d'argent pour payer les factures, le loyer et la nourriture. Parce qu'elles ont besoin d'argent immédiatement, de nombreuses personnes sont prêtes à vendre des appareils photo numériques et d'autres appareils électroniques coûteux pour un prix nettement inférieur au prix demandé sur eBay.

Les appareils électroniques sont sûrs, mais vous pouvez cibler n'importe quelle catégorie de marchandise de votre choix. La première étape consiste à créer un compte eBay et à commencer à accumuler des crédits. Suivez le cours du marché pour les produits que vous souhaitez acquérir.

Supposons qu'un appareil photo numérique d'une certaine marque se vende 200 dollars sur eBay, mais qu'il soit annoncé à 180 dollars sur Craigslist. Vous contacterez le vendeur et lui direz : "Hé, je suis prêt à payer 150 $ pour cet appareil aujourd'hui ; rencontrons-nous au Berger King tout proche".

Dans plus de 50 % des cas, il accepte l'offre. La plupart de ces personnes ont désespérément besoin d'argent, donc cela ne les dérangera pas de perdre vingt ou trente dollars si vous le leur offrez aujourd'hui.

Visez trois à cinq rendez-vous quotidiens. Un conseil : soyez intelligent. En aucun cas vous ne devez rencontrer quelqu'un à son domicile, entrer chez lui ou le laisser monter dans votre voiture. Rencontrez-vous toujours dans un lieu public, comme un McDonald's, un KFC ou un Bergen King. Ce plan existe depuis de nombreuses années et restera efficace pour tous ceux qui cherchent des moyens simples de créer de l'argent.

13. SERVICE DE LIVRAISON.

La création d'un service de livraison est une alternative viable qui peut générer des revenus rapidement. Vous pouvez en faire un service plus particulier, comme un service de livraison de linge si vous le souhaitez, ou vous pouvez fournir des services de livraison génériques pour tout ce dont les clients ont besoin. Que vous livriez un repas familial ou un nouveau lit, il n'y a pratiquement aucune limite à la variété des articles que vous pouvez fournir.

Il s'agit d'une alternative intéressante car, selon le type de livraison, vous pouvez probablement l'intégrer à votre emploi du temps. Par exemple, si vous transportez des meubles, vous pouvez fixer des rendez-vous les week-ends ou les soirs où vous êtes disponible. Il vous suffit de placer quelques annonces. Même les forums gratuits, tels que CraigsList.org, vous permettent d'annoncer vos services gratuitement dans la plupart des endroits.

Vous pouvez décider de ne profiter de cette opportunité que pendant quelques semaines si vous ne recherchez que des moyens simples et rapides de gagner de l'argent à court terme. Cependant, c'est aussi un excellent moyen d'économiser pour des vacances ou des cadeaux de Noël sur le long terme.

Essayez ce que j'ai fait si vous avez besoin d'argent immédiatement ou dans l'heure qui suit. Je gagne plus d'argent aujourd'hui que dans ma précédente entreprise, et vous le pouvez aussi.

14. DÉVELOPPER UN ENTONNOIR DE VENTE SECRET.

Dans cette section, je vais vous fournir d'autres conseils pour générer de l'argent en ligne en utilisant un entonnoir de vente secret.

Le premier conseil est d'utiliser votre série de répondeurs automatiques pour gagner de l'argent en ligne sur le pilote automatique.

Combiner le marketing d'affiliation et le marketing par courriel est l'approche la plus simple pour y parvenir. Créez une série de messages de répondeur automatique pour trois mois, six mois, un an ou même deux ans.

Remplissez votre autorépondeur avec du contenu ou des séries intemporelles. Ainsi, vous n'aurez plus besoin de mettre à jour le texte de l'autorépondeur. Assurez-vous que le produit dont vous faites la promotion est également un produit à évolution constante.

Une fois que vous avez votre produit et votre série d'e-mails, vous pouvez commencer à construire votre liste de diffusion. Vos ventes fonctionneront automatiquement. Laissez-la conclure des affaires et générer des revenus pour vous. Il s'agit certainement d'un moyen légitime de gagner de l'argent en ligne. Vous générerez un revenu régulier pendant une très longue période.

Montrez que vous vous intéressez à vos lecteurs ou abonnés.

Je viens de démontrer que c'est la véritable technique pour gagner de l'argent en ligne.

Cependant, vous ne devez pas considérer vos abonnés comme des machines à gagner de l'argent miniatures. Si les gens voient cela, ils se désabonneront immédiatement de votre liste de diffusion.

Vous devez faire preuve de bienveillance à l'égard de vos lecteurs ou abonnés. Faites preuve de compassion à leur égard. Faites-leur savoir que vous reconnaissez leur situation difficile. Vous souhaitez sincèrement les aider à résoudre le problème.

Lorsqu'ils se sont inscrits sur votre liste de diffusion, vos abonnés avaient certaines attentes quant au type d'informations qu'ils recevraient. Vous devez donc tenir les promesses que vous leur avez faites précédemment.

Livrez le bulletin hebdomadaire si vous l'avez promis. Si vous leur avez promis quelque chose de gratuit, vous devez le livrer. Les abonnés insatisfaits cesseront de lire vos e-mails ou se désabonneront complètement.

Voici ce que vous devez mettre en avant dans votre campagne de courrier électronique:

Faire preuve d'empathie à l'égard de la détresse des abonnés ;

ne promouvoir que des produits de haute qualité ; lorsque vous effectuez des critiques de produits, vous devez être honnête ; et fournir occasionnellement des conseils utiles à vos abonnés.

Cela ne générera pas d'argent rapide, mais c'est une technique légitime pour gagner de l'argent en ligne. En agissant ainsi, vous augmenterez sans aucun doute la confiance, ce qui se traduira par des gains à long terme.

Maintenez l'intérêt de vos abonnés pour vos communications.

Le but ultime du développement d'une liste de diffusion est d'établir une relation avec les abonnés avant de considérer cela comme un moyen viable de gagner de l'argent en ligne.

Si vous donnez un cadeau gratuit comme "appât" pour inciter un prospect à s'inscrire à votre liste de diffusion, les abonnés vont simplement accepter le cadeau et cesser de lire vos e-mails.

Que devez-vous faire ? Lorsque vous offrez un cadeau non annoncé dans votre premier e-mail, informez vos abonnés que d'autres "extras surprises" sont à venir. Ensuite, assurez-vous d'envoyer des cadeaux gratuits environ une fois par mois.

Cela permettra de maintenir l'attention des abonnés. Ils ouvriront et liront vos messages électroniques. Vous développez ainsi une relation avec vos abonnés. C'est une excellente occasion pour vous de leur vendre d'autres produits d'affiliation.

Maintenant, voyez-vous cette opportunité légitime de gagner de l'argent en ligne ? Il suffit de convertir un "chercheur de cadeaux" en un prospect rentable.

Combiner le marketing par e-mail et le marketing d'affiliation et créer une autre valeur pour vos abonnés en établissant une relation de confiance est la clé pour gagner de l'argent en ligne. Appliquez les conseils mentionnés ci-dessus, et vous aurez de l'argent sur votre compte bancaire.

15. PARTICIPER À DES ENQUÊTES RÉMUNÉRÉES.

Répondre à des enquêtes est l'une des méthodes les plus simples pour gagner de l'argent en ligne. C'est sans doute l'un des moyens les plus simples de gagner de l'argent en utilisant uniquement un ordinateur et une connexion Internet, étant donné le temps de préparation minimal et l'absence d'investissement initial.

Comment commencer.

Utilisez un site Web gratuit de sélection d'enquêtes rémunérées qui fournit des informations sur chaque programme de site d'enquête dans votre pays. Vous obtiendrez ainsi d'autres informations concernant l'âge minimum, le montant payé par enquête et la méthode de paiement (en espèces ou sous forme de bons).

Une fois que vous avez identifié quelques sites réputés qui offrent des récompenses en espèces ou sous forme de bons, inscrivez-vous sur chacun d'eux et validez votre adresse électronique. Vous pouvez avoir découvert cinq sites ou plus sur lesquels vous inscrire, et cela peut prendre des heures pour compléter chaque profil. Prenez donc votre boisson préférée et installez-vous devant votre ordinateur.

Après vous être inscrit, avoir confirmé et rempli le profil, vous avez probablement déjà accumulé de l'argent ou des points. Ces points sont équivalents à la somme d'argent indiquée sur le site Web. Dans les prochains jours, vous devriez commencer à recevoir de nombreuses invitations par courrier électronique à participer à des enquêtes rémunérées.

Si vous en trouvez une qui vous plaît, cliquez sur le lien pour accéder au site Web où se trouve le questionnaire de l'enquête. À partir de ce moment, vous pouvez avoir plusieurs ou des centaines de questions auxquelles répondre. Plus l'enquête est longue, plus la compensation offerte par les sites d'enquête est importante.

Outre les invitations à participer à des enquêtes en espèces, vous recevrez des invitations à des tirages au sort de prix en espèces. Ces derniers ne doivent pas être négligés pour deux raisons : vous avez une légère possibilité de gagner et le fait de les remplir fait de vous un candidat désirable pour les enquêtes futures.

Plus vous remplissez d'enquêtes maintenant, plus vous aurez d'opportunités à l'avenir et plus vous aurez de chances de gagner l'un de ces prix, aussi improbable soit-il.

Après avoir répondu à quelques enquêtes rémunérées sur chacun des sites que vous avez choisis précédemment, vous aurez accumulé un montant substantiel d'argent ou de points. Une fois que cette somme aura atteint leur seuil de paiement minimum, vous pourrez demander un paiement par chèque et, occasionnellement, par PayPal. Certains d'entre eux transmettent automatiquement le paiement à la fin de chaque mois.

Vous avez donc travaillé dur et répondu à de nombreuses questions sur les objets que vous utilisez, les produits que vous appréciez et les services que vous avez rencontrés ; quelle est votre récompense ?

Après quelques semaines de saisie et de clics, vous ouvrirez peut-être une enveloppe contenant un chèque d'un montant compris entre 10 et 50 dollars ou 10 et 50 livres sterling. Si vous avez la chance incroyable d'être sélectionné au hasard, vous pourriez gagner 10 000 $ ou 5 000 £ en prix.

Répondre à des enquêtes rémunérées est le moyen le plus simple de gagner de l'argent en ligne. C'est gratifiant et cela vous donne l'occasion rare d'influencer les plus grandes entreprises du monde.

16. PRODUITS SOUS MARQUE DE DISTRIBUTEUR.

Les produits sous marque de distributeur constituent l'approche la plus efficace pour gagner de l'argent sans votre produit. Les produits de marque privée sont, en résumé, des produits fabriqués par une entreprise mais vendus sous des marques différentes.

Le concept peut laisser quelque peu perplexe, alors permettez-moi de l'expliquer. Considérons que le fabricant A produit des écrans d'ordinateur. Ce fabricant produit des écrans d'ordinateur pour n'importe qui, mais chaque écran doit être identique.

Ensuite, des entreprises telles que Sony ou Toshiba commandent des produits au fabricant A mais les proposent comme des produits Sony ou Toshiba. En réalité, il s'agit des mêmes produits, mais en raison de la marque, ils peuvent pratiquer des prix différents.

Tant que le produit est de grande qualité, personne ne s'inquiète que les entreprises se livrent à cette pratique. Sony et Toshiba ne le font pas pour les grands projets, mais vous pouvez être sûr qu'ils le font pour les petits. Comment, alors, en tirer profit ?

Vous pouvez promouvoir et vendre vos produits de marque privée sur des sites comme eBay. Les livres électroniques sont probablement les produits de marque privée les plus faciles à commercialiser. Il suffit de créer une nouvelle couverture et d'indiquer que vous êtes l'auteur et le tour est joué. En général, vous devez acheter les droits de ces ebooks, ce qui peut coûter de quelques dollars à plusieurs milliers de dollars.

Tout dépend de la qualité des livres électroniques. Il serait préférable que vous ne soyez pas aussi préoccupé par la qualité, car vous pouvez généralement les lire avant de les acheter. Assurez-vous simplement que vous avez le droit de les vendre, sinon vous risquez de vous retrouver face au canon d'un fusil d'avocat.

Si vous n'aimez pas vendre les produits d'autres personnes, vous pouvez produire les vôtres et vendre des droits de label privé. Ne serait-il pas fantastique que des milliers de personnes vous contactent pour acheter votre produit ? Vous ne receveriez pas de commission pour chaque vente, mais si vous facturiez 100 $ pour que quelqu'un puisse vendre votre ebook et le revendiquer comme le sien, ce ne serait pas si terrible.

Même si vous n'écriviez qu'un ebook par semaine, vous n'auriez besoin de vendre les droits qu'à sept ou huit personnes pour que ce soit rentable. La plupart des individus qui achètent un livre ne le lisent même pas ; ils veulent juste voir des signes de dollars, et vous devriez être d'accord avec cela.

Cependant, vous ne devez pas vous limiter aux ebooks ; vous pouvez créer et vendre différents produits numériques et physiques sous marque de distributeur. Je n'ai conseillé que les versions numériques car leur reproduction est gratuite. Je commencerais à vendre ces produits de marque privée en version numérique avant de passer à des formats plus grands.

Toutefois, si vous voulez gagner de l'argent, vous devez commencer à donner une image de marque à vos produits. Créez une raison sociale que vous pourrez apposer sur tous vos articles afin que les consommateurs associent progressivement votre nom à la qualité.

Quel appareil MP3 préféreriez-vous si vous aviez le choix entre un iPod et un lecteur MP3 de couleur différente qui ne porte pas le nom d'iPod ? Comme les individus ne peuvent voir que la surface des produits, ils ignorent parfois qu'ils sont identiques. La seule chose qui compte pour eux est qu'ils ont un iPod et non un lecteur MP3 standard, même s'ils sont identiques.

Lors de la production de produits sous marque de distributeur, la stratégie de marque peut être un outil très efficace. Peu importe que vous souhaitiez les vendre ou les fabriquer, car les possibilités de profit sont nombreuses. La stratégie la plus rentable pour vendre des produits sous marque de distributeur consiste à en choisir un et à s'y tenir.

17. VENTE D'ŒUVRES D'ART.

Vous êtes-vous déjà demandé comment vous pouviez tirer parti de vos capacités artistiques pour produire d'autres liquidités pour votre famille ?

Ma capacité à "sortir des sentiers battus" a été mise à l'épreuve chaque fois que mes revenus ont diminué, que ce soit en raison de récessions, de la crise financière mondiale ou des fluctuations générales du marché. Après des recherches approfondies et des essais et erreurs, j'ai élaboré trois stratégies qui vous aideront à gagner de l'argent avec votre travail si vous les mettez en pratique.

Des moyens astucieux de tirer profit de votre art.

- Vendez vos œuvres d'art en ligne et recevez des redevances pour les années à venir.

- Vendez vos cours de peinture à des étudiants désireux d'apprendre "comment faire".

- D'autres vendent vos œuvres d'art et vos leçons de peinture.

Alors comment est-il exécuté?

1. Vendez vos œuvres d'art en ligne et recevez des redevances annuelles.

C'est la méthode intelligente n° 1 que je préfère, car le rendement est continu ; je reçois des chèques de redevances tous les mois pour des travaux réalisés il y a plus de 10 ans. Il s'agit d'une technique très astucieuse pour gagner de l'argent avec vos œuvres, mais vous devez savoir ce que vous faites pour réussir.

Qui me paiera pour mon art ?

Quels sont les marchés?

Vous devez d'abord déterminer quels marchés sont susceptibles d'être intéressés par vos œuvres. Vous aimez créer des paysages ? Ou des animaux ? Ou des personnages animés ? Ou des voitures et des motos ? Ou des nus ? Ou êtes-vous plus abstrait ? Ou encore des caricatures ?

Chacune d'entre elles a des marchés distincts qui peuvent être utilisés pour générer des redevances pendant des décennies. Parmi les distributeurs de ce type d'art, citons les entreprises de puzzles, les fournisseurs de papiers peints pour ordinateurs et téléphones portables, et les entreprises d'articles de maison.

Chacun de ces secteurs distincts s'appuie sur des artistes créatifs et innovants comme vous pour développer d'autres "PRODUITS" pour eux. En effet, vous êtes le créateur du produit, tandis qu'ils sont les spécialistes de la commercialisation du produit. Voici comment cela fonctionne.

2. Vendez vos cours d'art en ligne.

La recommandation évidente est de créer un site Web et de mettre en place un panier d'achat, et vous serez sur la voie du succès, mais si c'était si simple, tout le monde ne le ferait-il pas ? En effet, ce n'est pas ce que vous avez l'intention de faire. Vous vous distinguerez de la foule et vous aurez des étudiants qui viendront payer vos frais de scolarité pour toujours ou aussi longtemps que vos cours d'art resteront populaires.

Comment cela va-t-il se faire?

Tout le monde aime regarder, n'est-ce pas ? Ils adorent observer les autres et recueillir des suggestions sur la façon dont ils font leur magie. Quelle que soit votre inclination, si vous maîtrisez votre métier, vous pouvez susciter l'intérêt pour l'apprentissage de vos techniques grâce à cette méthodologie simple et gratuite.

A) Créez un compte sur YouTube.

B) Se documenter sur sa propre création artistique.

C) Téléchargez quelques leçons vidéo d'introduction sur YouTube.

Une fois que vous avez téléchargé vos œuvres d'art sur YouTube et sur tous les autres grands sites de partage de vidéos, surveillez le trafic sur votre site

Web pour en savoir plus. Certains de mes films ont reçu cinquante mille vues en moins d'un an.

Il s'agit d'une quantité importante de trafic ciblé pour votre site Web et les offres "Films complets sur DVD livrés à votre porte pour 39,95 $" et "ebook version téléchargement rapide pour 29,95 $". J'ai des produits "How To. Products" qui se vendent pratiquement tous les jours depuis quelques mois, et la meilleure partie est que le marché est stable malgré l'instabilité de l'économie.

3. Faites vendre vos œuvres d'art et vos cours d'art par d'autres personnes!

Il s'agit également d'une technique astucieuse et populaire pour générer de l'argent en ligne en vendant des œuvres d'art. La création d'œuvres d'art, comme dans l'exemple 1, et la vente de cours, comme dans l'exemple 2, vous préparent correctement à l'étape suivante : le recrutement d'AFFILIÉS pour vendre vos œuvres d'art en votre nom.

Une vaste armée de personnes vendent des produits en ligne à des publics qui accèdent souvent aux sites web qu'ils contrôlent. Ils passent la plupart de leur temps à générer du contenu pour les blogs, à répondre aux messages des forums et à entretenir le site Web, ce qui leur laisse peu de temps pour créer des œuvres d'art comme vous et moi.

Par conséquent, les personnes qui ont du trafic sur leur site Web (de nombreux sites Web populaires reçoivent des dizaines de milliers de visiteurs uniques par jour) sont dans une position privilégiée pour vendre vos marchandises, vos œuvres d'art sur commande et vos produits d'art "comment faire".

De nombreux affiliés qui font la promotion de mes ebooks ne sont rémunérés que s'ils génèrent une vente. Pas de salaire de base, de congés payés ou de congés maladie, et seulement une commission sur les ventes - c'est mon genre de main-d'œuvre ! Il n'y a rien de plus grand que cela.

Vous pouvez approcher des centaines de propriétaires de sites Web avec votre "papier peint caricatural des célébrités le plus vendu de la semaine" et leur demander de le vendre en votre nom moyennant une commission. Il n'y a aucune limite à ces riches régions, et avec votre créativité artistique débridée, vous feriez bien de suivre ces trois stratégies Internet astucieuses pour tirer profit de votre art.

18. PODCAST.

Comment souhaitez-vous tirer profit de votre podcast ? En tant que podcasteur, la possibilité que votre podcast génère des revenus est un autre avantage. En tant que podcasteur, vous n'avez pas à vous soucier de frais généraux élevés et la plupart des revenus de votre podcast seront des bénéfices.

Il y a trois façons principales de générer des revenus avec un podcast.

1. Générer des revenus à partir de sponsors commerciaux.

Le parrainage commercial des podcasts est l'un des moyens les plus efficaces de créer de l'argent pour votre podcast. Si vous parvenez à obtenir un sponsor important, votre podcast peut générer des fonds substantiels. Les grandes entreprises commencent à saisir la véritable valeur du podcasting au fil du temps.

Paige et Gretchen, deux mères de famille de Virginie, reconnaissent la pertinence des sponsors commerciaux. Elles animent une émission hebdomadaire axée sur les mères, appelée MommyCast. Paige a cinq enfants, tandis que Gretchen en a deux.

Earthlink et Dixie sont les deux principaux sponsors de leur émission. Elles tirent donc des revenus importants du parrainage commercial de leur émission. Elles n'avaient probablement aucune idée de la popularité de leur podcast lorsqu'elles ont commencé à le produire. Cependant, Earthlink et Dixie ont vu l'importance de leur programme et ont choisi de devenir sponsors. http://www.mommycast.com/

Si deux mères de Virginie peuvent accomplir cela, alors tout le monde peut le faire. Peu importe l'endroit où vous résidez ou le sujet de votre podcast.

Si vous pouvez attirer un public important, vous aurez plus de chances d'attirer des sponsors importants pour votre podcast.

Le parrainage commercial des podcasts est une méthode fantastique pour établir un flux de trésorerie substantiel. Si vous parvenez à obtenir un sponsor important, vous pourrez générer un revenu significatif en tant que podcasteur. Lorsque deux organisations influentes, Earthlink et Dixie, considèrent le podcasting comme un moyen d'atteindre des clients potentiels, c'est une excellente nouvelle pour tous les podcasteurs.

Lorsqu'un grand sponsor fait de la publicité à la radio traditionnelle, la diffusion de la station de radio est limitée en termes de puissance à une région géographique particulière. Avec le podcasting, en revanche, il n'y a pas de restrictions géographiques. Toute personne possédant un ordinateur ou un lecteur MP3 peut écouter l'émission. Il s'agit donc d'un excellent argument de vente pour les sponsors potentiels.

2. Générer des revenus grâce aux dons.

Les dons sont une autre méthode pour créer des revenus avec votre podcast. Par exemple, Adam Kempenaar et Sam Hallgren présentent le podcast bihebdomadaire Cinecast depuis Chicago.

Ils évaluent différents films et donnent leurs commentaires. Leur podcast gagne rapidement en popularité et continue de se développer régulièrement. http://www.cinecast.com/

Si vous visitez iTunes, vous ne remarquerez pas qu'ils sont mis en avant dans le répertoire des podcasts. C'est un avantage considérable pour Cinecast. http://www.apple.com/itunes/podcasts/

Adam et Sam ont décidé de monétiser leur podcast en sollicitant des dons. Sur leur site Web, il y a un bouton PayPay que les auditeurs peuvent utiliser pour effectuer un paiement à leur podcast. PayPal jouit d'une bonne réputation et constitue une méthode idéale pour recevoir des dons.

En présentant des informations importantes à votre public, celui-ci appréciera vos efforts et sera plus enclin à contribuer. Cependant, Cinecast sera probablement en mesure d'obtenir des sponsors nationaux au fil du temps.

Au fur et à mesure que votre public s'agrandit, les dons sont une excellente méthode pour générer de l'argent lorsque vous commencez à podcaster.

3. Tirer profit de votre site web ou de votre blog.

La troisième méthode de monétisation de votre podcast consiste à placer des publicités sur votre site Web ou votre blog. Google AdSense est une technique permettant d'atteindre cet objectif. AdSense insère des publicités sur votre site Web, et vous recevez une compensation lorsqu'un utilisateur clique sur une publicité. https://www.google.com/adsense/

L'utilisation de Clickbank pour promouvoir différents produits sur votre site Web ou votre blog est une autre option pour obtenir des revenus. Vous pouvez commercialiser plus de 10 000 produits

ClickBank en tant qu'affilié. L'inscription en tant qu'affilié de ClickBank est gratuite, et vous gagnez des commissions chaque fois qu'une personne achète un produit en utilisant les liens de votre site Web. http://clickbank.com/

Pour gagner de l'argent, il est essentiel de faire connaître votre podcast. Il est préférable d'informer les gens de votre existence pour attirer un large public. Au fur et à mesure que votre audience s'accroît, les possibilités de parrainage commercial augmentent. La méthode la plus efficace pour atteindre cet objectif est de soumettre votre podcast à iTunes et à d'autres répertoires de podcasts.

19. GOOGLE ADSENSE.

Il existe de nombreuses façons de gagner de l'argent avec Google AdSense. Les techniques typiques pour générer de l'argent avec AdSense ont été testées et se sont avérées très efficaces. De nombreux nouveaux éditeurs pensent à tort qu'AdSense ne peut être mis en œuvre que sur des sites Web et des blogs.

Or, il existe de nombreuses autres méthodes pour utiliser AdSense.

Cependant, pour bien fonctionner, elles nécessitent souvent une préparation et des recherches importantes et peuvent prendre beaucoup plus de temps à préparer et à assembler. Un parfait novice peut mettre plusieurs mois de travail acharné pour gagner de l'argent en utilisant AdSense.

Il existe toutefois d'autres moyens de gagner de l'argent avec Google AdSense. AdSense s'est développé depuis ses débuts et est désormais un système de paiement au clic largement utilisé. Il existe actuellement de nombreuses façons de générer de l'argent avec AdSense sur le Web. Certaines de ces "techniques alternatives" sont nouvelles et nécessitent souvent moins de temps pour être mises en œuvre et utilisées.

L'une des méthodes les plus efficaces pour utiliser AdSense est celle des sites Web 2.0. En quelques jours, un compte AdSense peut être créé sur Blogger (une plateforme de blogs gratuite appartenant à Google), et s'il est correctement conçu, il peut générer des revenus en quelques semaines.

Il est incroyablement simple à utiliser et totalement gratuit. Il n'y a pas de frais d'hébergement, de nom de domaine ou d'autres frais. De nombreux éditeurs ont employé des blogueurs pour générer des revenus AdSense avec succès.

Il en va de même pour d'autres sites Web 2.0, tels que HubPages, Xomba et Squidoo. Tous ces sites sont gratuits et vous pouvez commencer à gagner de l'argent avec Google AdSense dès que votre premier contenu est publié et que vous êtes accepté dans le programme. Il est même possible de placer des publicités AdSense sur vos propres vidéos YouTube.

Il existe maintenant de nouvelles façons d'utiliser les annonces dans AdSense qui ne nécessitent pas toujours d'utiliser des sites Web. En utilisant AdSense pour les domaines, par exemple, vous pouvez gagner de l'argent avec Google.

Si vous avez un domaine peu développé et un peu d'espace Web vide, vous pouvez placer quelques annonces AdSense et gagner un peu d'argent grâce au trafic résiduel en affichant quelques annonces AdSense. Cela ne fonctionne qu'avec des noms de domaine extrêmement populaires, mais l'utilisation de cette partie sous-estimée du programme AdSense est possible.

Il existe de nombreuses autres façons de gagner de l'argent avec Google AdSense. Si vous êtes novice, vous ne devez pas vous contenter de considérer les méthodes habituelles d'utilisation du programme. Pour réussir, vous devez apprendre tout ce que vous pouvez sur son potentiel, et vous ne savez jamais ; vous pouvez découvrir une niche de marché inexploitée que vous pouvez exploiter pour gagner des revenus AdSense.

20. STOCKS DE PENNY.

Il n'a pas été facile de générer de l'argent rapidement avec des actions ; vous constaterez qu'il y a toujours des obstacles sur la route. Le problème est généralement la difficulté de trouver un endroit central pour rassembler des informations précises sur de nombreuses sociétés ayant des marchés boursiers.

Lors de la compilation d'une liste d'actions investissables à forte valeur, il peut sembler impossible de déterminer par où commencer. Pourtant, c'est un objectif réalisable ; découvrez comment.

L'utilisation d'un service de sélection d'actions est l'un des meilleurs moyens de gagner de l'argent rapidement avec des actions cotées en cents. Lorsque vous trouvez un fournisseur professionnel de services de sélection d'actions, il vous offre une analyse hebdomadaire d'une base de données basée sur un programme informatique, comprenant des informations sur de nombreuses actions. En général, toutes les analyses techniques doivent avoir été effectuées, et le rapport final vous sera fourni.

L'utilisation d'un service de sélection de titres qui vous fournit une étude complète des actions potentiellement intéressantes présente de nombreux avantages, dont les suivants :

- Vous économiserez le temps et les efforts nécessaires pour enquêter de manière indépendante sur des actions aussi lucratives.

- Puisque vous travaillez avec des fournisseurs de services de sélection de titres compétents, vous pouvez accéder à de nombreux investissements en penny stocks potentiellement rentables.

- Vous disposez simplement d'une liste limitée de penny stocks à la mode dans lesquels vous pouvez investir en toute confiance.

- L'analyse fournie a été créée et programmée par un trader chevronné.

Il s'agit de l'une des meilleures stratégies pour gagner de l'argent rapidement avec des actions plutôt que de procéder par tâtonnements à chaque investissement.

21. FORUM.

Chaque jour, un nombre croissant de faiseurs d'argent rejoint le forum de l'argent. Ils sont prévoyants et reconnaissent un avantage potentiel. Il existe de nombreuses façons de gagner de l'argent sur un forum. Voici quelques techniques efficaces.

1) Publiez du contenu de qualité et renforcez votre réputation!

Il s'agit sans aucun doute de l'une des meilleures astuces pour gagner de l'argent. En améliorant votre réputation, vous favorisez indirectement l'amitié et la confiance. Personne ne confie son argent ou son temps à ceux qu'il ne connaît pas bien. Partagez vos opinions en toute bonne foi.

Ne faites jamais une promesse que vous ne pouvez pas tenir. Développez la confiance et l'amitié, et vous aurez bientôt un réseau vaste et solide. Vous aurez bientôt une équipe de bâtisseurs travaillant avec vous pour générer des revenus en ligne en tant que groupe. Les grands partenaires commerciaux sont difficiles à découvrir, mais vous pouvez vous attendre à de nombreuses années de relations prospères et de profits considérables une fois que vous l'aurez fait. La limite est le ciel.

2.) Utilisez votre signature de forum!

Utilisez des services d'URL courtes tels que http://be8.biz pour transformer votre longue URL en une version plus courte, ce qui vous permet d'afficher davantage de publicités. Le système de signature est intégré au forum, et vous êtes libre de l'utiliser. La plupart des forums limitent l'espace de votre signature à 150 et 250 caractères, alors veillez à en tirer le meilleur parti.

Les signatures sont une forme efficace de marketing. La plupart des personnes cliqueront sur la signature d'une personne crédible et s'inscriront probablement au programme dont elle fait la promotion. Plus vous avez de messages, plus il y a de chances que les personnes crédibles voient votre signature publicitaire.

Mettez votre compte de forum à niveau pour augmenter votre exposition !

Pour un prix raisonnable, vous pouvez passer à un abonnement payant sur des forums tels que http://www.Dreamteammoney.com. Votre nom d'utilisateur apparaîtra dans une couleur différente, et vous recevrez également des impressions de bannières gratuites. Votre nom sera toujours visible à l'avant, ce qui créera de l'intrigue et augmentera votre exposition.

Les gens veulent vous connaître et rejoindre le programme auquel vous participez pour pouvoir gagner de l'argent avec vous. Vous vous rendrez vite compte que votre liste de messagers s'agrandit et vous rencontrerez d'autres personnes qui souhaitent elles aussi gagner de l'argent en ligne, ce qui vous permettra de poursuivre cette entreprise avec vos amis du forum.

4.) Utilisez les forums pour améliorer votre PageRank et être indexé rapidement par les principaux moteurs de recherche.

Nous savons tous que le PR peut augmenter la valeur d'un site Web. La plupart des acheteurs préfèrent les sites ayant un RP élevé à ceux qui ont un RP faible. Si votre site Web ou votre blog reçoit un index ou un classement PR élevé d'un forum, votre PR s'en trouvera renforcé. Sur un forum lié à l'argent, j'ai observé des sites avec un PR 1 qui ont reçu un PR 2 après seulement une semaine d'indexation par les SE.

Si les principaux moteurs de recherche n'indexent pas votre site, le poster sur un forum avec un PR et un trafic élevés est l'une des meilleures solutions. Les principaux moteurs de recherche indexeront bientôt votre site, ce qui entraînera une augmentation du nombre de visiteurs indirects. Sur Internet, le trafic est synonyme d'argent. Obtenir d'excellents visiteurs (Moneymakers) est essentiel pour gagner de l'argent en ligne.

5.) Tirez parti de l'expertise d'autres génies de l'argent ! Apprenez de leurs erreurs!

De nombreux utilisateurs de forums sont heureux de partager leurs conseils et leur expertise avec vous. Par exemple : si un membre vous apprend comment économiser de l'argent intelligemment et que vous économisez 100 dollars de plus par mois ou 1 200 dollars par an, vous gagnez indirectement 1 200 dollars de plus en un an, et ce savoir, qui est votre atout, vous suit pour toujours. Améliorez toujours vos connaissances en apprenant des personnes compétentes. Beaucoup sont prêts à partager leurs stratégies pour gagner de l'argent, mais êtes-vous prêt à les recevoir ?

La connaissance est synonyme de pouvoir et de richesse. Consacrez toujours du temps au forum pour découvrir de nouvelles techniques. Pensez au forum sur l'argent de votre université pour gagner de l'argent ; de nombreux professeurs sont disponibles pour vous servir de mentor.

Il existe de nombreuses autres façons de gagner de l'argent sur les forums. N'oubliez pas que le ciel est votre seule limite. Si vous êtes prêt à tenter de nouvelles choses, même les plus petites idées peuvent vous rapporter une fortune. Chaque sous-forum d'un forum a son utilité. Explorez chaque section du forum, et vous serez étonné de ce que vous découvrirez.

Gagner de l'argent n'a jamais été aussi facile. Internet et la technologie ont contribué à rapprocher le monde. Gagner de l'argent a toujours été un travail d'équipe. Le monde est là pour vous, tout comme le forum gratuit qui vous relie à des personnes partageant les mêmes idées. C'est maintenant à vous de l'accepter.

22. EMPLOIS DE SAISIE DE DONNÉES À DOMICILE.

Les emplois de saisie de données à domicile figurent parmi les possibilités d'emploi les plus respectables et les plus lucratives sur Internet. Ces vocations rendent la vie plus facile et plus confortable pour ses utilisateurs. Ces emplois de saisie de données sont les seules opportunités légales et simples disponibles en ligne.

Chaque jour, des dizaines de milliers de personnes explorent Internet à la recherche de moyens de gagner de l'argent en ligne et d'améliorer leur niveau de vie. Les emplois de saisie de données en ligne sont les seules opportunités légitimes de gagner de l'argent à domicile. Il est donc simple pour ses clients de gagner de l'argent en ligne, car ils peuvent le faire depuis le confort de leur maison.

Ces emplois de saisie de données sont tout à fait valables et simples à exécuter. La seule compétence requise pour effectuer ce travail est la maîtrise du clavier. Toute personne ayant une petite connaissance d'Internet et de la dactylographie peut effectuer ce travail et gagner une somme d'argent substantielle en ligne.

Ces emplois de saisie de données sont simples ; ils demandent seulement aux gens de remplir des formulaires en ligne pour les entreprises pour lesquelles ils choisissent de travailler. Les formulaires que les utilisateurs de ce programme remplissent ne sont que des publicités pour ces entreprises. Ces entreprises vous rémunèrent ensuite sous la forme de commissions, qui sont généralement importantes et versées rapidement.

Le nombre de commissions dépendra du nombre de ventes générées par les entreprises suite à la diffusion de vos annonces sur divers sites Web. Il n'y a pas de limite au montant que vous pouvez gagner avec ces emplois de saisie de données, car les annonces que vous créez sont publiées sur plusieurs sites web, ce qui facilite l'achat des produits par les clients et augmente vos commissions.

Je veux continuer à travailler indéfiniment comme commis à la saisie de données en ligne et gagner un revenu substantiel. Le taux de commission moyen pour ce poste se situe entre 30 et 35 dollars par vente. Ce chiffre augmente à mesure que l'expérience de l'utilisateur s'accroît. Je gagne environ 100 $ par semaine, ce qui équivaut à au moins 400 $ par mois.

Ces professions présentent de nombreux avantages, notamment celui de travailler à domicile et d'être son propre employeur. Vous pouvez profiter de la formation qu'ils proposent pour vous aider à vous lancer dans cette profession et à gagner un revenu substantiel. Saisissez cette opportunité et commencez immédiatement.

23. ÉCRITURE D'EBOOK.

L'un des moyens les plus efficaces de gagner de l'argent avec vos ebooks est de ne fournir que du contenu de haute qualité. Vos ouvrages doivent être informatifs, bien écrits et pratiques pour que vous puissiez persuader efficacement les utilisateurs en ligne de faire un achat. Lorsque les gens se rendent compte que vous fournissez d'excellentes informations, ils sont enclins à en redemander et peuvent même promouvoir vos ebooks auprès d'autres personnes.

Voici sept autres moyens fantastiques de gagner de l'argent en publiant des eBooks :

1. Utilisez des titres captivants. Les experts affirment que la qualité des titres de vos livres déterminera 95 % de votre succès. S'ils sont capables d'attirer l'attention en ligne et d'enthousiasmer les

internautes, vous pouvez être sûr que les ventes de vos livres monteront rapidement en flèche.

2. Envisagez des sujets rentables. Il sera plus facile de vendre vos ebooks si vous écrivez sur des sujets incroyablement engageants pour les utilisateurs en ligne. Vous pouvez simplement déterminer quels sujets se vendraient comme des petits pains en ligne en effectuant des recherches par mots-clés et en demandant à vos clients potentiels quelles informations ils recherchent.

3. Gardez vos ebooks brefs et directs. En raison de leur capacité d'attention limitée, les consommateurs en ligne choisissent des ebooks qui sont simples à comprendre et généralement brefs. Par conséquent, utilisez un langage simple et expliquez votre point de vue et vos idées en moins de 30 pages.

4. Effectuez des recherches Tout le monde souhaite obtenir des ebooks contenant des informations complètes, détaillées et approfondies afin de comprendre rapidement le sujet principal. N'oubliez pas de faire des recherches lorsque vous

créez vos ebooks afin d'obtenir des informations plus précieuses qui pourraient rendre vos créations riches en substance et informatives.

5. Restez à l'écart de la fiction. La plupart des internautes ne paieront pas pour quelque chose qui ne peut pas améliorer leur vie. Par conséquent, écrivez sur des thèmes susceptibles de fournir à vos lecteurs des connaissances utiles, comme des directives étape par étape, et évitez d'écrire sur des sujets fictifs.

6. Luttez contre le syndrome de la page blanche. Ce phénomène peut être préjudiciable à votre métier d'écrivain car il vous empêche d'être créatif. La bonne nouvelle est que vous pouvez éviter de vous sentir surmené en écrivant toutes vos pensées et en vous éloignant de votre ordinateur au moins deux fois par semaine.

7. Produisez plus d'ebooks. Vous gagnerez plus d'argent avec cette activité si vous pouvez augmenter le nombre de vos ebooks. Vous pouvez y parvenir en augmentant vos heures d'écriture ou en employant des rédacteurs fantômes pour créer votre matériel.

24. VENDRE SUR EBAY.

Un nombre croissant de personnes de tous horizons découvrent qu'elles peuvent améliorer leur situation financière grâce à eBay. Cette section présente cinq méthodes pour générer des revenus sur eBay.

Tout d'abord, vous pouvez faire comme beaucoup d'autres et organiser un "vide-grenier" en ligne. Vous pouvez générer des revenus sur eBay en vendant des articles dont vous n'avez plus besoin. Chaque semaine, des dizaines de milliers de personnes profitent de cette pratique.

Deuxièmement, vous pouvez gagner de l'argent sur eBay en proposant des objets aux consommateurs internationaux via votre propre boutique eBay.

Troisièmement, dans le même esprit, vous pouvez gagner de l'argent sur eBay en vendant des objets que vous avez fabriqués. Par exemple, vous pouvez vendre vos produits artistiques en ligne si vous avez un penchant artistique.

Quatrièmement, de nombreuses personnes vendent des produits eBay pour générer de l'argent pour elles-mêmes et pour d'autres.

Enfin, lorsqu'il s'agit de gagner de l'argent sur eBay, vos options sont essentiellement illimitées. Vos seules contraintes réelles sont celles de votre imagination. Les revenus d'eBay peuvent améliorer considérablement votre situation financière.

Vous pouvez perdre de l'argent sur une grande partie de ce que vous faites avec les enchères et eBay, mais vous pouvez aussi en gagner ; l'un des facteurs les plus importants est de tester. Si vous testez, vous saurez où investir davantage et où investir moins.

25. L'ORGANISATION DE SÉMINAIRES EN LIGNE.

Avec le scepticisme qui entoure le lancement d'une entreprise sur Internet, la présentation de webinaires peut être une méthode merveilleuse pour mettre en confiance des clients potentiels, car il y a quelque chose de merveilleux à voir la personne qui vous parle directement sur l'écran devant vous.

Cependant, saviez-vous qu'en plus de générer des ventes pour votre entreprise (jusqu'à 10 % des participants à un webinaire finissent par acheter), l'organisation d'un webinaire peut également générer une demande pour des produits que vous pouvez vendre ? Il s'agit d'une excellente option si vous souhaitez créer une entreprise sur Internet mais que vous n'avez pas de produit à vendre.

Voici comment vous pouvez générer des revenus en organisant un webinaire.

Tout d'abord, invitez des personnes à un webinaire gratuit.

Cette approche consiste à organiser un webinaire gratuit au cours duquel vous proposez une formation gratuite sur un sujet donné. Ensuite, après le webinaire, vous invitez les participants à assister à d'autres webinaires avec vous au cours des sept, dix, douze semaines suivantes, voire plus, pendant lesquelles vous les accompagnez pas à pas tout au long du processus.

Comme la plupart des logiciels de webinaires ont des capacités d'enregistrement, vous pouvez ensuite créer un cours vidéo complet que vous pouvez proposer en ligne au prix de 100, 200 euros ou plus.

Que devez-vous inclure dans votre webinaire?

Trouver du contenu pour les webinaires est plus facile que vous ne le pensez. Voici quelques recommandations à prendre en considération.

Racontez et montrez.

Créez une présentation PowerPoint pour démontrer la fonctionnalité de votre produit.

Réfléchissez.

Supposons que vous divisiez votre présentation en sept parties et que vous développiez quatre minutes de contenu pour chaque partie. Dans ce cas, vous aurez suffisamment d'informations pour un webinaire de 30 minutes avant d'ajouter une introduction.

Interviewez un spécialiste.

Vous pouvez également inviter un spécialiste de votre sujet à répondre aux questions pendant un webinaire. Cette notion n'est pas entièrement nouvelle, car ce format a été utilisé bien avant l'invention des webinaires, notamment dans les téléséminaires et les conférences téléphoniques.

Une fois que vous avez filmé votre série de webinaires et que vous êtes prêt à les vendre, vous pouvez en envoyer une copie à vos experts afin qu'ils puissent les utiliser gratuitement pour gagner en visibilité.

Vous pouvez passer à l'étape suivante en invitant des clients potentiels à votre premier webinaire gratuitement et en leur demandant de participer à une série de 12 webinaires ultérieurs pour un investissement unique de votre choix. 100 £, 200 £ ou même 400 £.

Il s'agit d'une approche efficace pour générer des revenus en organisant des webinaires.

Vous pouvez même amener vos adversaires à se joindre à vous en leur proposant une coentreprise.

Vous pouvez proposer de faire de la publicité pour leurs webinaires auprès de votre liste de diffusion ou vice-versa et partager les revenus à 50/50.

C'est une question de préférence personnelle quant au logiciel de webinaire que vous utilisez, mais l'organisation de webinaires peut offrir une occasion unique de gagner une somme d'argent substantielle depuis le confort de votre fauteuil.

26. CONVERSION DE DOMAINES.

Il a été assez intriguant d'apprendre qu'une personne pouvait devenir un courtier en ligne et commencer à gagner un revenu en ligne. Lorsque vous entendez "domain flipping", vous devez vous imaginer acheter des domaines ou des sites Web à bas prix, en leur apportant une valeur minimale ou nulle, et les revendre pour réaliser un bénéfice. Il s'agit d'une autre méthode sans effort pour gagner de l'argent avec un minimum d'efforts.

Le flipping de domaines nécessite peu d'éducation formelle. Il s'agit d'une activité simple que même les adolescents des pays en développement mènent sans difficulté. Si un adolescent peut le faire, c'est qu'il s'agit soit d'un plaisir, soit d'un passe-temps, soit d'une tâche simple.

La méthode demande un minimum d'inventivité et d'investissement. Vous pouvez acquérir un nom de domaine créatif susceptible d'attirer un trafic important vers une entreprise et le vendre à un prix élevé après un certain temps ou immédiatement. Le degré de créativité dont vous pouvez faire preuve dans cette situation dépendra de votre niveau d'expérience ou de compétence dans votre domaine de travail.

Le processus peut être très simple. Il vous suffit d'être à proximité d'un ordinateur et d'une connexion Internet ; tout le reste est facultatif. Il n'y a pas d'excuse pour être au chômage et se débattre quand le domain flipping ne nécessite que quelques heures par semaine.

Votre niveau de dévouement aura un impact significatif sur la quantité d'argent que vous gagnerez. Si vous faites plus d'efforts, vous gagnerez davantage.

27. LANCEMENT DE PRODUITS.

Si vous avez un produit à lancer, qu'il s'agisse d'un ancien produit que vous reprenez ou d'un tout nouveau, vous pouvez lui donner un départ digne de ce nom en suivant les bonnes procédures. Le lancement rapide d'un produit n'est pas forcément un défi, mais il nécessite une stratégie.

Tout d'abord, vous devez penser à l'avenir. Vous devez vous assurer que les communiqués de presse, les articles, les images, etc. sont rédigés, couverts et pris des mois à l'avance. Même si vous devez apporter des ajustements mineurs aux informations à l'approche de l'échéance, le gros du travail sera fait.

Il serait préférable que vous ayez également un plan de promotion continue via des blogs, des forums, des salons de discussion, etc. Préparez également toutes les publicités imprimées et les dossiers d'information deux semaines à l'avance. Quelques jours avant le lancement confirmé de votre produit, préparez un dossier de presse et apportez-y les dernières retouches. Souvent, un lancement rapide de produit est une question de planification.

Assurez-vous également d'avoir un plan de secours pour chaque promotion. Si votre produit doit faire une apparition dans un centre commercial, par exemple, prévoyez une date de réserve au cas où il manquerait son coup. Ces événements se produisent parfois sans que vous en soyez responsable. Vous devez donc être prêt.

Assurez-vous que toutes les plateformes médiatiques sont couvertes lors du lancement initial. Envoyez des communiqués de presse de pré-production à tous les médias, créez des publicités radio et télévisées à l'avance et ayez des publicités imprimées prêtes à l'emploi si vous voulez lancer un produit rapidement. Rien ne doit être laissé au hasard.

28. SITES WEB POUR LES MEMBRES.

De nombreuses personnes pensent que le développement d'un site d'adhésion nécessite une quantité énorme d'efforts si vous créez un site d'adhésion "conventionnel", oui.

Ils doivent :

* Un engagement substantiel en termes de temps.

* Un contenu qui doit être continuellement mis à jour.

* Des scripts coûteux et étendus.

* La modération du forum.

Cependant, si vous construisez un site d'adhésion avec un "terme fixe", vous n'aurez pas ces responsabilités.

Il suffit d'avoir les éléments suivants:

* UN article de 2 à 5 pages est produit chaque semaine.

* Un répondeur automatique (au fur et à mesure que vous écrivez des leçons, vous les chargez dans votre répondeur automatique, qui délivre automatiquement vos leçons à vos abonnés aux jours que vous déterminez).

* Un système de paiements récurrents (comme PayPal ou ClickBank).

* une durée prédéterminée pour votre adhésion (3, 6, 9 ou 12 mois).

Et voilà, c'est terminé !

Les sites d'adhésion à durée déterminée sont le moyen le plus simple et le plus lucratif de générer un revenu résiduel en ligne. Il suffit d'investir 2 à 5 heures par semaine pour obtenir un revenu mensuel sur Internet, c'est aussi simple que cela.

Voici comment il fonctionne:

Un visiteur de votre site Web s'abonne à votre newsletter. Il saisit ensuite son nom et son adresse électronique sur une "page de capture" qui envoie les données à votre répondeur automatique. Ensuite, votre répondeur automatique lui envoie ses leçons par courrier électronique (généralement chaque semaine ou à la date que vous avez indiquée).

29. DES PROGRAMMES DE PREMIER ORDRE.

Vous avez certainement entendu parler des gros bonnets, des personnes qui gagnent tellement d'argent en ligne qu'elles ont du mal à suivre le rythme. Ils sont peu nombreux, mais ils possèdent tous un secret que vous ne connaissez pas.

Ils utilisent des programmes de premier ordre pour générer d'importantes sommes d'argent, qu'ils peuvent investir dans la promotion de programmes de second ordre pour réaliser des profits futurs. Cette approche infaillible fera en sorte que votre entreprise se développe deux fois plus vite, voire trois fois plus vite, que ceux qui savent comment générer des revenus en ligne.

Qu'est-ce qu'un programme d'avant-garde?

Un programme de premier ordre est une opportunité commerciale qui vous permet de générer instantanément un revenu mensuel substantiel. Contrairement aux opportunités MLM, il n'est pas nécessaire de recruter des centaines de personnes avant de pouvoir gagner de l'argent en ligne.

Ces programmes ont un coût initial élevé, mais ils offrent une excellente valeur. En général, vous recevrez certains des meilleurs outils de marketing et un mentor personnel qui vous guidera sur la voie du succès grâce à ses connaissances et ses conseils. Aucun autre programme de formation n'offre un enseignement de qualité supérieure.

La fonctionnalité du programme.

Les programmes premium ont un droit d'entrée élevé. Cela peut décourager ceux qui ne sont pas déterminés à réussir dans leur désir de gagner de l'argent en ligne, ce qui peut être une autre raison pour laquelle ces programmes ont un taux de réussite élevé.

Dans la plupart des programmes, seuls environ 3 % des personnes gagnent de l'argent en ligne, tandis que 97 % échouent. Cependant, avec un programme de premier ordre, les chiffres sont inversés, avec 97 % des personnes qui réussissent et génèrent de l'argent et seulement 3 % qui échouent.

Il suffit de quelques ventes pour récupérer l'investissement initial ; après cela, tout est bénéfice. Les systèmes de premier ordre sont facilement reproductibles, et pratiquement tout le monde peut apprendre à faire fonctionner le système en quelques jours, grâce à leurs stratégies marketing et pédagogiques efficaces. Il n'y a pas de méthode plus rapide ou plus simple.

Qui doit en choisir un?

Si vous êtes intéressé, il vous sera demandé de prendre un engagement initial important. Un bon point de départ est de 2 000 à 4 000 dollars pour vous assurer que vous avez assez d'argent pour participer au programme et dépenser sur la première promotion pour générer les ventes initiales nécessaires pour faire tourner la machine. En plus du coût initial, vous aurez besoin de temps.

En général, quatre journées de 4 heures sont nécessaires pour la formation, l'apprentissage et la mise en place. Après cela, vous devrez être en mesure de consacrer du temps. Le minimum requis est de 1 à 2 heures par jour, quatre jours par semaine.

Vous devez en ajouter davantage si vous voulez vraiment accélérer le processus. En plus d'un téléphone et d'une connexion Internet, vous devez disposer d'un forfait interurbain illimité, car vous allez passer de nombreux appels. Répondez à ces conditions préalables, et vous gagnerez rapidement de l'argent en ligne.

Les avantages dont vous bénéficierez.

Si vous remplissez les conditions requises et que vous pensez qu'un tel programme vous convient, vous serez largement récompensé. Lorsque vous aurez perfectionné le système, vous aurez beaucoup plus de temps libre et vous gagnerez probablement deux fois plus d'argent pour la moitié de vos efforts.

Même un investissement modeste dans un programme de premier ordre peut générer un revenu mensuel à cinq chiffres dès le premier mois. Si vous avez la chance d'investir entre 3 000 et 4 000 dollars, vous vous retrouverez souvent à gagner un revenu à cinq chiffres par semaine avec un minimum de difficultés.

30. TUTORAT EN LIGNE.

Trois options s'offrent à vous : le tutorat professionnel, le tutorat spécialisé et le tutorat à temps partiel. Pour vous aider à mieux comprendre vos options, voici quelques explications supplémentaires sur vos différents choix.

Tutorat volontaire.

Les étudiants comme les professionnels apprécieront la capacité d'adaptation qu'offrent ces postes. Cependant, comme ils sont à temps partiel, vous devez d'abord trouver un emploi dans une société ou une entreprise Internet et vous y préparer. Cela peut être une option fantastique si vous cherchez un moyen simple de gagner de l'argent supplémentaire sur le côté.

Le freelancing est également une option, mais il peut être difficile de gérer les transactions et les négociations si vous êtes occupé par une autre activité. En vous faisant "embaucher" en ligne, vous pouvez obtenir un flux régulier d'"étudiants" avec un minimum d'efforts.

Tutorat de carrière.

Avec la récente montée en popularité du marché du travail en ligne, les emplois de soutien scolaire en ligne sont désormais une option de carrière viable. Ce qui est bien, c'est qu'il existe de nombreuses façons d'y parvenir.

Vous pouvez soit travailler en tant que pigiste, soit créer une entreprise offrant ces services. Certains diront qu'il ne s'agit pas d'un emploi de soutien scolaire en ligne, mais comme vous commencerez probablement par enseigner vous-même les cours, cela reste possible.

Tutorat personnalisé.

Cette approche, peut-être la plus répandue, est aujourd'hui disponible sous différentes formes. Techniquement, même les services de "coaching" individuel peuvent être qualifiés de tutorat spécialisé, car vous continuez à agir en tant que "guide" et à instruire votre client en ligne.

Il existe plusieurs possibilités de gagner de l'argent en ligne si vous avez un peu de temps libre. Vous pouvez envisager de travailler comme tuteur en ligne pour aider les autres à résoudre leurs difficultés scolaires. Vos revenus dépendront de vos performances en tant que tuteur et du temps et des efforts que vous investirez.

Les matières qui nécessitent le plus de tutorat sont les sciences (chimie et physique) et les mathématiques (algèbre). Si la demande est si forte, c'est parce que l'on cherche à inciter davantage d'élèves à s'inscrire dans ces matières. Votre expertise dans ces domaines fait de l'enseignement en ligne une excellente option.

Les postes disponibles peuvent être trouvés sur des sites web annonçant des emplois de tuteur. Sur le site, vous trouverez les qualifications et les conditions préalables nécessaires. En naviguant sur les sites Web, notez le processus de candidature, qui varie d'un site à l'autre.

La candidature comprendra probablement un test et une façon de le remplir. Posez votre candidature sur le plus grand nombre possible de sites Internet proposant des postes d'enseignant, afin d'augmenter vos chances de réussite. Vous serez évalué pour vérifier que votre expérience est légitime. Ils vous informeront si votre candidature a été retenue.

Vos heures de tutorat doivent être déterminées, car la plupart des entreprises qui recherchent des tuteurs veulent un nombre minimum d'heures par semaine. Il s'agit d'une exigence minimale, bien qu'il soit possible de travailler davantage. Cela dépend entièrement de vous, à condition que votre emploi du temps le permette. La majorité des employeurs limiteront vos heures hebdomadaires à trente.

Au moins une fois par mois, vous recevrez un paiement bancaire direct ou un chèque par la poste. Il est proportionnel au nombre d'heures effectuées. Au cours du processus de demande, le mode de rémunération est décrit. Vous devez remplir un document de convention avant de commencer à travailler.

L'organisme de soutien scolaire qui vous emploie vous fournira des élèves. Vous recevrez également le matériel indispensable pour assurer votre réussite. Il veille au respect des protocoles. Si vous avez des questions, demandez des précisions à votre agent de tutorat.

Le fait d'avoir des élèves d'origines et d'horizons divers peut rendre le métier de tuteur en ligne satisfaisant et passionnant. Pendant que vous donnez des cours particuliers, vous gagnez de l'argent et ressentez l'excitation d'aider une autre personne.

CONCLUSION.

Comme vous le savez peut-être ou non, la création d'une entreprise n'est pas facile. Il faut beaucoup de planification, y compris une analyse du marché local, un site, du personnel et une quantité importante d'équipement d'exploitation.

Ce n'est pas parce que vous n'avez pas fait vos recherches, mais parce que c'est la nature même des affaires ; toutes ces nécessités entraîneront une dépense substantielle et un grand risque que les choses ne se passent pas comme prévu.

Il est évident que plus vous accordez d'attention aux détails et plus la planification est complète, plus vous avez de chances de réussir. En tout état de cause, une entreprise conventionnelle de ce type vous chargera de nombreuses dépenses qui vous empêcheront de gagner un seul dollar pendant au moins un an.

Par conséquent, même si l'entrepreneuriat est la voie à suivre, il est possible de développer et d'exploiter une entreprise rentable grâce à laquelle vous pouvez gagner suffisamment d'argent pour vivre confortablement sans le stress d'avoir des milliers de dollars à risque pendant des mois, voire des années.

Alors, quelle est la réponse à votre envie d'entreprendre si vous n'avez pas de capital ou si vous ne voulez pas en risquer trop, mais que vous souhaitez gagner de l'argent rapidement ?

Créez une entreprise sur Internet, ce qui est bien plus que de vendre sur eBay ou Amazon. Je sais qu'une entreprise de commerce électronique peut être lucrative. Cependant, après de nombreuses années passées à gagner ma vie en ligne, je préfère des solutions plus efficaces en termes de temps et de coûts, qui offrent un meilleur potentiel de croissance à court et à long terme, en commençant par des apports relativement minimes.

Le marketing Internet est un exemple clair - mais pas le seul - de ce type d'opportunité, car il vous permet de développer une activité durable capable de générer des milliers de dollars de revenus mensuels sans risquer des milliers de dollars.

Le marketing Internet est certainement plus une question de savoir que d'investissement. Ainsi, alors qu'une entreprise traditionnelle a besoin de 60 % d'investissement en capital et de 40 % de savoir-faire, une entreprise en ligne basée sur le marketing Internet aura besoin de 5 % d'investissement en capital (principalement en ressources pédagogiques) et de 95 % de savoir-faire.

Cela signifie que vous risquerez du temps et des efforts plutôt que de l'argent lorsque vous ferez des affaires en ligne grâce au marketing Internet ou à toute autre méthode vous permettant de mener votre organisation en ligne.

Cela ne signifie pas pour autant que vous pouvez vous permettre de gaspiller, car votre temps et vos efforts sont des ressources tout aussi précieuses (n'oubliez pas que le temps, c'est de l'argent). Même si vous n'avez que peu ou pas d'argent, vous avez tout ce qu'il faut pour diriger une grande entreprise dès maintenant, avec la tranquillité d'esprit que vous n'avez rien à perdre si ce n'est une partie de votre énergie, qui est une ressource renouvelable.

Par conséquent, si vous démarrez une activité en ligne, vous aurez la possibilité de faire des essais et des erreurs sans craindre de perdre une fortune et vous bénéficierez de l'avantage distinct qu'offrent de nombreuses options d'activité en ligne, telles que le marketing Internet, le trading sur le marché des changes et le trading boursier, à savoir la capacité de produire des résultats réels dans les jours qui suivent le démarrage, à condition que vous disposiez des outils et des ressources appropriés.

Compétences de gestion pour les gestionnaires.

1. Gestion du temps pour les managers
2. Coaching des employés pour les managers
3. Développement de l'esprit d'équipe pour les managers
4. Confiance en soi pour les managers
5. Techniques de négociation pour les managers
6. Compétences en matière de service à la clientèle pour les managers
7. L'affirmation de soi pour les managers
8. Étiquette commerciale pour les managers
9. Aptitude à l'écoute pour les managers
10. Compétences en leadership pour les managers
11. Compétences en communication pour les managers
12. Techniques de présentation pour les managers
13. Gestion du stress pour les managers
14. Prise de décision pour les managers
15. Gestion des conflits pour les managers.

Série : La liberté financière à tout âge.

- Atteindre la liberté financière à 20 ans
- Atteindre la liberté financière dans la trentaine
- Atteindre la liberté financière dans la quarantaine
- Atteindre la liberté financière dans la cinquantaine
- Atteindre la liberté financière à 60 ans
- Atteindre la liberté financière à 70 ans et plus.
- Atteindre la liberté financière chez les enfants
- Atteindre la liberté financière chez les adolescents

- Atteindre la liberté financière chez les étudiants universitaires.
- Les escroqueries financières dont il faut se méfier à la retraite.

Série : Des finances personnelles pour vous.
- Acheter et vendre des crypto-monnaies pour les débutants
- Pourquoi investir dans des actions à dividendes est judicieux.

Série : Patrimoine 2022.

- L'entrepreneuriat en ligne.
- Créer sa propre entreprise
- Gestion de patrimoine
- Revenu passif.
- 12 étapes pour créer votre propre entreprise.

Série : Un excellent service à la clientèle.
- Excellent service à la clientèle dans le commerce de détail
- Excellent service à la clientèle dans la restauration rapide

- Excellent service à la clientèle dans la restauration à service complet
- Excellent service à la clientèle dans l'enseignement.
- Excellent service à la clientèle dans l'immobilier
- Excellent service à la clientèle dans un centre d'appels
- Excellent service à la clientèle en tant que réceptionniste
- Excellent service à la clientèle dans un hôtel
- Excellent service à la clientèle dans la vente
- Excellent service à la clientèle, peu importe la situation.
- Excellent service à la clientèle dans un cabinet dentaire
- Excellent service à la clientèle dans un cabinet médical.

Série : L'argent rapide.

- Argent rapide en une semaine
- Argent rapide en un week-end
- Argent rapide en un mois
- Argent rapide pour les étudiants.

Série : Comment faire de la promotion.

- Comment faire prospérer votre entreprise pendant une récession

- Comment promouvoir votre livre de recettes
- Comment faire la promotion de votre livre pour enfants.

Biographie de l'auteur

D.K. Hawkins. D.K. aime lire des livres sur les affaires personnelles ainsi que passer du temps à l'extérieur. D'autres livres viendront s'ajouter à cette collection, alors suivez-nous sur Amazon pour en savoir plus.

Merci d'avoir acheté ce livre.

Je vous en remercie sincèrement et je vous apprécie, vous, mon excellent client.

Que Dieu vous bénisse

D.K. Hawkins.

www.ingramcontent.com/pod-product-compliance
Lightning Source LLC
Chambersburg PA
CBHW050011230526
45465CB00003BB/1366